Meine Kaiserin

Dreiundzwanzig Jahre intimes Leben mit der Kaiserin
aller Russen von ihrer Hochzeit bis zu
ihrer Verbannung

Marfa Mouchanow

Writat

Diese Ausgabe erschien im Jahr 2024

ISBN: 9789359946856

Herausgegeben von
Writat
E-Mail: info@writat.com

Inhalt

KAPITEL I

MEINE VERABREDUNG

ES ist Brauch, oder vielmehr war es Brauch am russischen Hof, keiner Prinzessin, die in die kaiserliche Familie einheiratet, zu erlauben, ihre Zofen aus ihrem eigenen Land mitzubringen. Ich glaube, dass dieser Brauch zumindest in früheren Zeiten auch an ausländischen Höfen eingehalten wurde. Als daher bekannt wurde, dass der Erbe des russischen Throns, der noch immer Nikolaus II. war, als er der Bräutigam der schönen Prinzessin Alix von Hessen wurde, im Begriff war, eine Braut in das Haus seiner Eltern zu bringen, kursierten Spekulationen und es kam zu großer Verzweiflung unter den Leuten, die sich für die Ehre berechtigt hielten, Diener der zukünftigen Kaiserin von ganz Russland zu werden.

Natürlich hing die Wahl der Dienstmädchen, die sie bedienen sollten, bis zu einem gewissen Grad vom Willen der regierenden Kaiserin ab, und diese war der Ansicht, dass es nicht gut wäre, ihre Schwiegertochter mit Frauen zu umgeben, die keine andere Sprache als Russisch sprechen konnten. Ihr wurde eine Liste mit Damen vorgelegt, die für die Position in Frage kamen, und ohne dass ich es wusste, stand mein Name darauf.

Die Aufgaben der ersten Zofe einer Zarin waren alles andere als rein ehrenhaft. Natürlich durfte sie keine niederen Arbeiten verrichten, aber andererseits musste sie sich äußerst diskret verhalten, Tratsch jeglicher Art vermeiden, keine engen Freunde oder Verwandten haben, denen sie sich anvertrauen wollte, und außerdem lastete eine beträchtliche Verantwortung auf ihren Schultern, da sie nicht nur die persönlichen Juwelen ihrer kaiserlichen Herrin, sondern auch die der Krone (wenn diese gerade benutzt wurden) unter ihrer Obhut hatte, die Kontrolle über alles, was mit der Toilette und der persönlichen Ausstattung der Prinzessin zusammenhing, in deren Diensten sie stand, die Bezahlung ihrer privaten Rechnungen und so weiter. Sie hatte acht weitere Zofen unter sich, deren Pflichten darin bestanden, sich um die Bedürfnisse der Prinzessin zu kümmern, aber diese ergriffen keine Initiative und waren völlig von ihr abhängig, mussten ihr gehorchen und auf alle ihre Anweisungen hören. Um eine solche Anstellung zu erhalten, musste man einen bestimmten Dienstgrad oder „Tschin", wie das auf Russisch heißt, innehaben, und wahrscheinlich hatte auch die Tatsache, dass mein Mann, der kurz vor der Hochzeit von Nikolaus II. und Alexandra Fjodorowna gestorben war, Oberst gewesen war, etwas damit zu tun, dass mein Name auf der Liste der Frauen stand, die für die Position, die ich erhalten sollte, als geeignet galten.

Wie allgemein bekannt ist, wurde die Ankunft der Prinzessin Alix in Russland wegen der Krankheit des Zaren Alexander III. beschleunigt, der wusste, dass er im Sterben lag und seine zukünftige Schwiegertochter noch sehen wollte, bevor er seinen letzten Atemzug tat. Die Großfürstin Elisabeth von Russland, die Frau des Großfürsten Sergius, der die älteste Schwester der Prinzessin war, ging ihr in Warschau entgegen und brachte sie nach Livadia auf der Krim, wo sie etwa drei Tage vor dem Tod des Kaisers ankam. Bei ihrer Ankunft wurde sie mit allen Ehren empfangen, die der Braut des Thronfolgers gebühren, aber die Umstände ihrer Reise waren so traurig, dass sie einen schmerzlichen Eindruck auf sie machten und die natürliche Melancholie ihres Charakters noch verstärkten, die bereits zu dieser Zeit so ausgeprägt war, dass sie den Menschen in ihrer Umgebung Angst machte.

Die sterblichen Überreste Alexanders III. wurden mit viel Pomp nach St. Petersburg zurückgebracht, wo Prinzessin Alix, statt des feierlichen Einzugs, den russische kaiserliche Bräute normalerweise in der Hauptstadt vollziehen, in goldenen Kutschen und mit aufwendigen Zeremonien umgeben, in einer Trauerkutsche ankam, eingehüllt in die Falten ihres Kreppschleiers. Niemand bemerkte sie, und das allgemeine Interesse der Öffentlichkeit konzentrierte sich auf die Kaiserinwitwe, deren Trauer man bedauernswert mit ansehen musste. Das junge Mädchen, das im Begriff war, deren Platz auf dem russischen Thron einzunehmen, fühlte sich in ihrer neuen Umgebung ziemlich verloren und einsam, und niemand schien sich um sie zu kümmern oder sich darum zu kümmern, was ihr zustoßen würde. Damals glaubten viele Leute, dass ihre Hochzeit verschoben würde, bis die Trauer um Alexander III. vorüber sei, und hofften, dass noch etwas passieren könnte, um sie zu verhindern. Die Verbindung war nicht populär, und weder die Hofgesellschaft noch die Nation waren erfreut über die Idee, dass eine deutsche Prinzessin den Thron ihres neuen Herrschers teilen würde. Man wusste bereits, dass er absolut charakterlos war , und viele Leute befürchteten, dass der Großfürst Sergius, der, wie ich bereits erwähnte, mit der Schwester der Prinzessin Alix verheiratet war, durch den Einfluss, den seine Frau auf ihn gewinnen könnte, am russischen Hof die wichtigste Macht erlangen würde. Und der Großfürst war die am meisten gehasste und unbeliebteste Persönlichkeit im ganzen Land.

Aufgrund familiärer Interventionen kam es jedoch zu einer anderen Entscheidung und teilweise dank der Bemühungen des Prinzen und der Prinzessin von Wales, die nach St. Petersburg gekommen waren, um Kaiserin Marie in ihrer Stunde der Trauer beizustehen, wurde beschlossen, die Hochzeit des neuen Zaren so schnell wie möglich zu zelebrieren. Aus diesem Grund wurde der 26. November 1894, der Geburtstag der Witwe Alexanders III., als Datum für die Feier gewählt.

Während dieser ganzen Zeit hatte ich meine neue Herrin nicht gesehen. Sie war angeblich zu beschäftigt, um Muße zu haben, ihren zukünftigen Haushalt kennenzulernen, und erst drei Tage vor dem für die Hochzeit ausgewählten Haushalt wurde ich ihr endlich im Palast des Großfürsten Sergius vorgestellt, wo sie seit ihrer Ankunft in St. Petersburg residierte.

Mein erster Eindruck war der eines großen, schlanken Mädchens mit geraden, langen Gesichtszügen, einem klassischen Profil und einer schönen Figur, die keine Anzeichen einer Tendenz zur Dickheit zeigte, die sie später verderben sollte. Sie hatte blondes Haar, das in der Sonne wie Gold glänzte, während es manchmal, je nach dem Licht, das darauf spielte, ganz dunkel erschien. Der Mund war das am meisten fehlerhafte Merkmal in einem ansonsten fast vollkommen schönen Gesicht. Er hatte einen entschlossenen Ausdruck, der selbst dann unangenehm sein konnte, und das Kinn war ausgesprochen schwer. Aber der Gesamteindruck, den sie machte, war der einer großartigen Frau. Die tiefe Trauer, die sie trug, stand ihr gut und betonte die natürliche Blässe ihres schönen Teints, und ich erinnere mich, dass ich dachte, ich hätte noch nie eine schönere Person gesehen als dieses Mädchen, das im Begriff war, meine Kaiserin zu werden.

Sie sprach sehr wenig mit mir, und was sie sagte, war leise und gezwungen. Sie schien nervöse Angst vor dem Gedanken zu haben, Fremde um sich haben zu müssen, und sie bat mich, von der Zofe zu erfahren, von wem sie sich trennen würde, um den Frauen, die ihr in Zukunft dienen würden, Anweisungen geben zu können. Als ich sie jedoch bat, mir zu erlauben, meine Pflichten sofort zu übernehmen, widersprach sie und sagte, es sei an ihrem Hochzeitstag noch Zeit genug.

Dies erwies sich in vielerlei Hinsicht als unpraktisch, da es äußerst schwierig war, sich um die vielen Einzelheiten zu kümmern, die mit einer komplizierten Toilette verbunden waren, wie sie eine Brauttoilette unweigerlich ist, ganz zu schweigen von einer kaiserlichen, und Entscheidungen für einen völlig Fremden zu treffen. Der Etikette zufolge musste sich die Großherzogin (Prinzessin Alix hatte diesen Titel an dem Tag erhalten, an dem sie in die griechische Kirche eintrat) im Winterpalast anziehen, wo nicht nur ihre acht Zofen, sondern auch alle Hofdamen der Kaiserinwitwe, die ihres eigenen zukünftigen Haushalts und die Juwelen, die sie tragen sollte, auf sie warteten. In einen der Etikette zufolge für diesen Zweck reservierten Raum wurde das goldene Toilettenservice der Kaiserin Anne gebracht, das immer für solche Anlässe und nur für solche herausgeholt wird, und es wurde auf einem Tisch ausgebreitet, vor dem die Prinzessin Platz nehmen sollte. Die Diamantkrone, die für kaiserliche Hochzeiten verwendet wird, wurde dann der Kaiserinwitwe gebracht, die sie gemäß den Regeln der Zeremonie der Braut auf den Kopf setzen musste. Doch es ereignete sich ein unvorhergesehener Vorfall. Der Friseur, der die Krone und den Brautschleier zurechtrücken sollte, war nicht zu finden; niemand wusste, wo er war, und niemand konnte seinen Platz einnehmen. Schließlich stellte sich heraus, dass ein übereifriger Polizeibeamter, der glaubte, seine Eintrittskarte sei ungültig, ihm den Zutritt zum Winterpalast verweigert hatte. Eine ganze Stunde verging, bevor dies entdeckt wurde, und die Hochzeit wurde um diese Zeit verschoben, zum Erstaunen der Tausenden von Menschen, die sich in den verschiedenen Räumen und Sälen der kaiserlichen Residenz versammelt hatten, um sie mitzuerleben.

Während dieser ermüdenden Stunde saß die Prinzessin regungslos vor ihrem Spiegel, sagte kaum ein Wort, hatte aber Tränen in den Augen, die sie jedoch tapfer zu verbergen versuchte. Die Leute schwirrten um sie herum und versuchten, ihre Aufmerksamkeit zu erregen, aber sie schien ihnen keine Beachtung zu schenken und wartete einfach und wartete mit jener Geduld, die, wie ich später herausfand, ein charakteristischer Zug ihres Charakters war. Schließlich wurde der Friseur hereingebracht, heiß und aufgeregt, und er befestigte rasch das Diamantdiadem auf dem Kopf der jungen Braut, die wir dann in den langen Mantel aus goldenem Stoff mit Hermelinfutter hüllten, den sie über ihrem weißen Kleid tragen sollte. Als sie fertig war und vor Beginn der Prozession zur Kapelle vor uns stand, stießen wir alle einen Ausruf aus. Keiner von uns hatte je etwas Schöneres erblickt, als sie in unseren Augen erschien, und tatsächlich habe ich Alexandra Feodorowna in den folgenden Jahren nie so prächtig gesehen wie an jenem grauen Novembermorgen, an dem sie den Zaren von ganz Russland heiratete.

KAPITEL II

Die ersten Monate des Ehelebens der Zarin

Internationaler Filmdienst

DER EHEMALIGE ZAR NIKOLAUS II. VON RUSSLAND

WEGEN der Eile, mit der die königliche Hochzeit gefeiert wurde, blieb keine Zeit, im Voraus geeignete Gemächer für den Zaren und seine Braut in einem der kaiserlichen Paläste in St. Petersburg oder in Zarskoi Selo vorzubereiten. Letzterer war von Anfang an als zukünftiger Wohnsitz des jungen Paares im Gespräch, da er beim neuen Herrscher beliebt war. Aber der Alexanderpalast, der einzige, der mehr oder weniger den Erfordernissen des modernen Lebens entsprach, war seit dem Tod der Kaiserin Marie Alexandrowna, der Gemahlin Alexanders II., nicht mehr bewohnt worden und musste vollständig renoviert werden. Auch der Winterpalast war renovierungsbedürftig und besonders ungeeignet, da die junge Kaiserin den Wunsch geäußert hatte, die Gemächer, die sie bewohnen sollte, nach ihrem eigenen Geschmack und ihren eigenen Vorstellungen neu möblieren zu lassen. Das Ergebnis dieser Situation war, dass das frisch vermählte Paar die ersten Monate seines Ehelebens im Anitschkoff-Palast, der Residenz der Kaiserinwitwe, in den kleinen Räumen verbrachte, die zuvor von Nikolaus II. bewohnt worden waren. als Junggeselle in Räumen, die alles andere als komfortabel waren und in denen nicht einmal Platz für die Garderobe der

Braut war, die außerdem kein eigenes Wohnzimmer hatte und sich das ihrer Schwiegermutter leihen musste, wann immer sie jemanden empfangen wollte.

Natürlich war das nicht angenehm für sie, und ich möchte hinzufügen, dass es sie von Anfang an in eine falsche Lage brachte, die sie sehr empfand. Sie wurde wie ein Kind behandelt, und sie wäre kein Mensch gewesen, wenn sie mit der Situation zufrieden gewesen wäre. In den ersten Wochen ihrer Ehe, als der ganze Hof noch in tiefer Trauer um den verstorbenen Zaren war, spielte es vielleicht nicht so eine Rolle wie später oder unter anderen Umständen, aber es war dennoch unangenehm. Die Kaiserinwitwe war auf ihre Art ein ebenso autoritärer Charakter wie ihre Schwiegertochter, daher gerieten die beiden Damen bald in starke Opposition und wurden, obwohl sie es nicht zugaben, einander herzlich überdrüssig. Sechs Wochen nach der Hochzeit überredete Alexandra Feodorowna ihren Mann, für eine Woche nach Zarskoi Selo zu fahren, und als sie nach St. Petersburg zurückkehrte, stellte ich fest, dass sich ihr Benehmen und Verhalten erheblich verändert hatten; ein Großteil ihrer früheren Schüchternheit und Schüchternheit war verschwunden. Sie begann, bestimmte Dinge selbst zu entscheiden, die sie sich vorher nicht hätte träumen lassen, ohne ihre Schwiegermutter zu konsultieren, und sie organisierte ihr Privatleben nach ihrem eigenen Herzen. Die ersten Änderungen, die sie vornahm, betrafen die Betreuung ihrer Zofen, und sie rief mich eines Morgens zu sich, um ausführlich darüber zu sprechen, und weigerte sich, einige Bemerkungen anzuhören, die ich für meine Pflicht hielt, ihr gegenüber zu machen. Meiner Meinung nach wäre es besser gewesen, mit der Änderung der Regeln für das Ankleidezimmer und die Garderobe der jungen Kaiserin zu warten, bis wir aus dem Anitschkoff-Palast ausgezogen waren, aber meine Bemerkungen wurden nicht freundlich aufgenommen, und man forderte mich kategorisch auf, die mir erteilten Anweisungen zu befolgen, was ich natürlich tat, allerdings nicht ohne Bedenken hinsichtlich der Zweckmäßigkeit der Änderungen, die in der Routine des Lebens meiner kaiserlichen Herrin eingeführt wurden.

Unter anderem wurden die abgelegten Kleider der jungen Kaiserin entsorgt. Es waren unzählige, da sie eine ungewöhnlich üppige Aussteuer erhalten hatte. Aber es waren alles oder fast alles Trauer- oder Halbtrauerkleider, und Alexandra schien es eilig zu haben, sie loszuwerden. Sie hatte ihre eigenen Vorstellungen in Bezug auf ihre Toiletten und entwarf die Kleider, die sie bestellte, im Allgemeinen selbst. Sie hatte keinen guten Geschmack, das muss man zugeben, aber sie legte Wert auf Kleider und sah ihre gerne so oft wie möglich erneuert. Manchmal hatte sie drei oder vier Kleidungsstücke vor ihren Augen ausgebreitet und ausgestellt, bevor sie sich endgültig für eines entschied. Sie hatte die Vorstellung, dass sie sich als Herrscherin von den ersten Morgenstunden an mit großer Pracht kleiden müsse, und sie verachtete die einfachen, maßgeschneiderten Kostüme, die im Gegenteil ihrer Schwiegermutter so sehr gefielen. Letztere war die bestgekleidete Frau in ihrem Reich gewesen, aber sie hatte sich nie um ihre Kleidung gekümmert und in ihrer Alltagskleidung große Schlichtheit an den Tag gelegt, während sie die vielen Pariser Kreationen, die ihr ständig zugeschickt wurden, für Staatsanlässe aufsparte. In einem kleinen Haus wie dem Anitschkoff-Palast wussten die Diener natürlich über alles Bescheid, was vor sich ging, und es wurde viel zwischen den Zofen der beiden Kaiserinnen getratscht. Die Zofen der jungen Kaiserin beschwerten sich bei den Dienern der Kaiserinwitwe über die Umständlichkeit ihrer Herrin in Bezug auf ihre Toilette. Dieser Klatsch gelangte über das Zimmer der Haushälterin hinaus und trug zu dem Ruf der Launenhaftigkeit bei, den Alexandra Feodorowna fast unmittelbar nach ihrer Heirat erlangte, ein Ruf, der ihr anhaften und ihr später in der öffentlichen Meinung sehr schaden sollte.

Ich bin überzeugt, dass dies vermieden worden wäre, wenn der Kaiser und die Kaiserin von den ersten Tagen ihrer Ehe an ein eigenes Zuhause gehabt hätten, da es dann keine Gelegenheit für Klatsch unter den Bediensteten gegeben hätte. Tatsächlich machte die Schwiegermutter ihrer Schwiegertochter gegenüber ein oder zwei Bemerkungen darüber, wie sie ihre Dienerschaft durch zu viel Aufhebens um ihre Kleidung belästigte, und diese Bemerkungen wurden natürlich sehr schlecht aufgenommen. Und Alexandra Feodorowna ärgerte sich bitter über eine Anspielung darauf, dass sie in Darmstadt nicht gewagt hätte, ein so launisches Temperament an den Tag zu legen. All diese Dinge waren nur Kleinigkeiten, aber dennoch sollten sie erheblichen Einfluss auf das spätere Leben meiner Herrin ausüben.

Die Kaiserin hatte eine außerordentliche Vorliebe für schöne Pelze und gab beträchtliche Summen aus, um sich ständig neue und kostbarste Pelze anzuschaffen. Auch dafür machte man ihr Vorwürfe, und man sagte ihr, ihre Aussteuer habe genügend Pelzkleidung enthalten, so dass es nicht notwendig sei, ständig neue zu kaufen. Man sprach von ihr als verschwenderisch, vielleicht mit Recht, obwohl ihre Liebe zu hübschen Dingen keineswegs übertrieben war; sicherlich waren die Rechnungen, die sie bei Worth und Paquin und anderen angesehenen Schneiderinnen hatte, nicht halb so hoch wie jene, die ihre Schwiegermutter früher angehäuft hatte. Aber letztere war immer eine Favoritin gewesen, und die Gesellschaft von St. Petersburg hatte alles, was sie je getan oder gesagt hatte, gern gesehen.

Zu meinen Aufgaben gehörte es, mich um die Juwelen der Kaiserin zu kümmern. Sie hatte von ihren Verwandten in England und Russland und insbesondere vom Kaiser einige prächtige und kostbare Hochzeitsgeschenke erhalten. Dieser hatte ihr unter anderem eine Krone aus Perlen und Diamanten geschenkt, die er zusammen mit einigen wundervollen Saphiren in London gekauft hatte, als er sie während ihrer Verlobung dort besucht hatte. Sie trug sie gern und hatte zunächst nicht daran gedacht, dass sie sie vielleicht für weit prächtigere Paruren und Schmuckstücke weggeben müsste. Doch schon bald nach ihrer Hochzeit kam eine Frage bezüglich der Kronjuwelen auf, die eigentlich der regierenden Kaiserin vorbehalten sein sollten. Während der Herrschaft Alexanders III. hatte die Kaiserin Marie sie in ihrer eigenen Obhut gehabt, und der Kaiser hatte ihr in seinem Testament die Nutzung für ihr ganzes Leben übertragen. Nun scheint er nicht die Macht gehabt zu haben, über sie zu verfügen, und ganz natürlich beanspruchte die Staatskasse sie nach dem Tod des Zaren. Seine Witwe weigerte sich jedoch hartnäckig, sie herzugeben, und es kam zu peinlichen Szenen, die solche Ausmaße annahmen, dass Alexandra Feodorowna schließlich erklärte, sie würde ihrerseits niemals einwilligen, die umstrittenen Schmuckstücke zu tragen, ihre Schwiegermutter könne sie gern haben und sie behalten, solange sie wolle. Dies ließ sich jedoch nicht tun, und schließlich wurden die Juwelen in die Schatzkammer zurückgebracht, aus der sie manchmal mit großer Zeremonie entnommen und mir übergeben wurden, damit meine Herrin sie bei Staatsanlässen tragen konnte. Aber die Kaiserin mochte sie nie und vermied es, sie anzuziehen, da sie ihre eigenen Juwelen bevorzugte. Sie erklärte, die große Tiara aus Perlen und Diamanten, die seit den Tagen Katharinas II. das Haupt aller russischen Kaiserinnen geschmückt hatte, sei viel zu schwer. Ich glaube nicht, dass ich sie mehr als das Vier- oder Fünffache der berühmten Halskette im Wert von zwanzig Millionen Rubeln tragen sah, die im Gegenteil einer der Lieblingsschmuckstücke der Kaiserinwitwe gewesen war. Das letzte Mal war dieses historische Juwel auf dem Ball des Petersburger Adels anlässlich des 300. Jahrestages der Thronbesteigung der Romanow-Dynastie auf den Rurikiden-Thron im Februar 1915 öffentlich zu sehen. Dies war zugleich das letzte Mal, dass Kaiserin Alexandra bei einem anderen Anlass als einem religiösen auftrat.

Wann immer sie beschloss, eines dieser Kronjuwelen anzulegen, musste ich dem obersten Schatzmeister, der für den Tresorraum zuständig war, in dem die Diamanten und Edelsteine des Zaren aufbewahrt wurden, eine Nachricht mit ihrer Absicht schicken. Er rief dann eine Eskorte aus drei Soldaten der Wache des Winterpalastes herbei und brachte mir, von ihnen umgeben, die Gegenstände, die ich von ihm verlangt hatte. Ich musste eine Quittung dafür ausstellen, und sobald die Kaiserin sie abgelegt hatte, musste ich denselben Schatzmeister darüber informieren, woraufhin er sofort mit einer weiteren Eskorte kam, um sie abzuholen, und mir gleichzeitig die Quittung zurückgab, die ich einige Stunden zuvor unterschrieben hatte. Die mit dieser Prozedur verbundenen Komplikationen waren einer der Gründe, warum die Kaiserin diese Schmuckstücke, die ihr egal waren, nicht tragen wollte. Sie zog es vor, ihre privaten Schmuckkästchen ständig zu füllen, und bald besaß sie eine der bemerkenswertesten Edelsteinsammlungen Europas. Perlen waren ihre besonderen Favoriten, und der Kaiser war sich dessen bewusst und überreichte ihr ständig Ergänzungen für ihre verschiedenen Halsketten und anderen Perlenschmuck. Die beiden Hofjuweliere Bolin und Fabergé hatten den Dauerauftrag, jedes schöne Exemplar, das sie in die Finger kriegen konnten, nach Czarskoi Selo zu bringen, bevor sie es einem anderen ihrer Kunden zeigten.

Diese Leidenschaft der Kaiserin, sich ständig mit neuem Schmuck zu schmücken, war auch ein Grund für bittere Vorwürfe. Eine ihrer Tanten, die Großfürstin Marie Pawlowna, die alles andere als freundlich und wohltätig war, bezeichnete sie einmal als „ *un gout de parvenue* ".

In jenen frühen Tagen ihres Ehelebens kam es zu einem weiteren Reibereien zwischen der Kaiserin und ihrer Schwiegermutter. Er hing mit der Art und Weise zusammen, wie in der Kirche für die beiden Damen gebetet wurde. Die Kaiserinwitwe bestand darauf, dass ihr Name an erster Stelle stehen sollte, unmittelbar nach dem ihres Sohnes, des Herrschers. Doch die Minister und sogar der Heilige Synod erhoben Einwände und erklärten, dass der Tradition zufolge die Mutter nach der Ehefrau stehen sollte. Schließlich setzte sich die Meinung des Synods durch. Doch Alexandra Fjodorowna, die sich intensiv mit der Angelegenheit beschäftigt hatte, war nicht klug genug, ihre Freude über die Wendung, die die Dinge genommen hatten, zu verbergen, und dies trug natürlich zu den gespannten Beziehungen bei, die sich bald zwischen ihr und der Witwe Alexanders III. entwickelten.

In jenen ersten Tagen der Ehe meiner Herrin herrschte im Anitschkoff-Palast keine Harmonie, und es ist kein Wunder, dass diese mit der Zeit immer verbitterter wurde. Sie fühlte sich vernachlässigt und tat nichts, um jenen zu gefallen, von denen sie verdächtigte, sie absichtlich zu kränken. Sie hatte einen krankhaften Wunsch zu gefallen, gepaart mit einem natürlichen Hochmut, der sie nicht nur empfindlich auf eine Abfuhr reagieren ließ, sondern auch den Wunsch weckte, sie zu rächen. Sie wollte nicht von ihren Verwandten beiseite geschoben werden, und doch trug sie selbst zu deren Handlungen bei, indem sie sich von allen Menschen fernhielt, die ihr von Nutzen hätten sein können. Sie verstand die Gesellschaft von St. Petersburg nicht; sie hielt sie für unmoralisch und obszön, und sie machte daraus kein Geheimnis, indem sie unnötigerweise Leute brüskierte, die stark genug waren, ihr durch ihre Urteile und Einschätzungen ihres Verhaltens und ihrer Persönlichkeit ernsthaften Schaden zuzufügen. Die Missverständnisse, die ihre zukünftige Unbeliebtheit verursachten, begannen bereits in den ersten Stunden ihrer Ankunft in Russland.

Ihren Dienern gegenüber war sie jedoch immer freundlich und zuvorkommend, wenn auch distanziert. Erst nach vielen Jahren fasste sie

Vertrauen zu mir, aber dann war es vollkommenes Vertrauen, und manchmal erlaubte sie sich in meiner Gegenwart Anfällen von Verzweiflung, wie sie sie von Zeit zu Zeit überkam, während derer ich vollkommen davon überzeugt bin, dass sie nicht allein für ihre Taten verantwortlich war. Ihr Geist, der immer zur Melancholie neigte, ließ sie die Dinge von ihrer finstersten Seite sehen, und dies erklärt teilweise die Neigung zum Mystizismus, die sie später entwickeln sollte und die mehr als alles andere zu der Katastrophe beitrug, die sie in die Einsamkeit Sibiriens verbannte. Sie war nie ausgeglichen, und wenn man sie beurteilt, darf man nicht vergessen, dass Geisteskrankheit im Hause Hessen erblich war, eine Tatsache, die vielen Leuten in Russland bekannt war, von der die kaiserliche Familie jedoch anscheinend nichts wusste. Da sie bis zu einem gewissen Grad empfindlich war, konnte sie Vorurteile, die sie ohne jeden anderen Grund als Launenhaftigkeit zu entwickeln neigte, nicht loswerden, und Vorurteile gehören zu den Dingen, die Herrscher gegenüber denen, denen sie zufällig begegnen oder von denen sie umgeben sind, niemals hegen sollten. Aber bei alledem war sie süß und sanft, gut und gewissenhaft; eine perfekte Mutter, eine äußerst ergebene Ehefrau, eine treue Freundin, unfähig zu Gemeinheit oder Verrat, aber aufgrund ihrer Eigenschaften dazu bestimmt, immer missverstanden und nie so geschätzt zu werden, wie sie es hätte sein sollen. Inmitten des Pomps und der Pracht, die sie umgab, war sie einsam; sie fühlte sich isoliert, und obwohl sie bei ihrer Ankunft in ihrem neuen Land eine Menge Verwandter und Höflinge vorgefunden hatte, hatte sie keinen einzigen uneigennützigen Freund gefunden, dem sie vertrauen oder an den sie sich um Rat und Schutz wenden konnte. Aufgrund ihrer erhabenen Stellung stand sie gewissermaßen außerhalb der Welt, und unglücklicherweise war sie von dieser Erhabenheit so überwältigt, dass sie nicht einmal versuchte, die Barrieren zu durchbrechen, die diese um sie herum errichtet hatte und die sie vom Rest der Menschheit trennten.

KAPITEL III

GEBURT DER GROSSHERZOGIN OLGA

DER ungemütliche Winter, der auf die Hochzeit des Zaren folgte, ging schließlich zu Ende, ohne dass seine junge Braut viel in der Öffentlichkeit gesehen worden wäre. Die Damen der St. Petersburger Gesellschaft wurden ihr während eines großen Empfangs vorgestellt, den sie im Winterpalast gab, aber diese Vorstellung bestand lediglich darin, dass sie mit einem Knicks an ihr vorbeigingen, während ihre Hofdame, die Prinzessin Galitzyne, ihr ihre Namen ins Ohr flüsterte. Sie sprach mit niemandem, und natürlich sprach auch niemand mit ihr, und angesichts des Einflusses, den dieser Empfang auf ihre Beziehungen zu der Gesellschaft hatte, der sie vorstand, hätte er genauso gut nie stattfinden können. Es gab zwar einige alte Damen, deren Ehemänner entweder hohe offizielle Positionen innehatten oder noch innehatten, die von der Kaiserin in Privataudienz empfangen wurden, aber diese Gespräche waren im Allgemeinen von kurzer Dauer und bestanden aus dem Austausch einiger Banalitäten im Gespräch. Die Kaiserin sprach nicht gut Französisch, und Englisch war damals nicht die Modesprache der Oberschicht, wie dies heute der Fall ist. Bösartige Menschen machten sich über die Fehler der jungen Herrscherin im Gebrauch der französischen Ausdrucksweise lustig und machten sich darüber lustig. Sie wurde sich dessen bewusst, und es verletzte sie zutiefst und verstärkte ihre natürliche Schüchternheit. In jenen frühen Tagen ihrer Ehe strebte Alexandra Feodorowna noch immer nach Popularität, aber sie tat dies auf eine ungeschickte, falsche Weise. Sie hatte Angst, als prodeutsch bezeichnet zu werden, und übertrieb deshalb ihre Freundlichkeitsbekundungen gegenüber allen und allem, was mit Frankreich zu tun hatte, so sehr, dass man ihr mangelnde Offenheit vorwarf, um es mit einem nachdrücklicheren Wort nicht zu sagen. Dasselbe galt für ihre Sympathien für das autokratische Regime. Zur Zeit ihrer Heirat hofften die Leute, ihr Einfluss auf ihren Mann würde dazu führen, dass er Russland die Verfassung gewährte, nach der alle seit Jahren gesehnt hatten. Doch die kaiserliche Familie hatte ihr von der ersten Stunde ihrer Ankunft im Land an immer wieder eingeschärft, dass es ihre Pflicht sei, die Prinzipien jener Alleinherrschaft zu verteidigen, die Alexander III. während seiner gesamten Regierungszeit so erfolgreich aufrechterhalten hatte. Sie nahm diesen schlechten Rat an und bemühte sich, aus Furcht, man könne sie für feindlich halten, den Zaren davon zu überzeugen, dass er öffentlich seine Absicht erklären sollte, nach den Prinzipien zu regieren, die seinen verstorbenen Vater inspiriert hatten. Dies gelang ihr teilweise, doch war der Versuch kein glücklicher, denn die berühmte Rede von Nikolaus II. vor den Semstwos, in der er seinen Entschluss bekräftigte, despotisch zu regieren, und die Bestrebungen seines

Volkes als sinnlose Träume bezeichnete, trug mehr als alles andere dazu bei, ihn und seine Gemahlin zum verhasstesten und unbeliebtesten Herrscher zu machen, den Russland je gekannt hatte.

Internationaler Filmdienst

WINTERPALAST, PETROGRAD

Der erste Winter, in dem Prinzessin Alix zur Kaiserin ganz Russlands wurde, war daher nicht gerade das, was man einen glücklichen Winter nennen könnte. Im Sommer ging der Hof wie üblich nach Peterhof, und die Umbauten, die zu dieser Zeit im Zarskoi-Selo-Palast begonnen hatten, wurden beschleunigt, da die Geburt der jungen Kaiserin im November erwartet wurde und man beschlossen hatte, dass das mit so großer Spannung erwartete Familienereignis dort stattfinden sollte.

Alexander Feodorowna selbst beaufsichtigte diese Umbauten. Unter ihrer Obhut wurde das alte Gebäude, das die Lieblingsresidenz von Alexander II. und seiner Gemahlin, jener anderen hessischen Prinzessin, die jedoch von ihren Untertanen sowohl gemocht als auch respektiert worden war, gewesen war, vollständig umgestaltet. Der Prunk wurde daraus verbannt, aber das ganze Gebäude wurde im Stil eines englischen Cottages eingerichtet und ausgestattet, mit Chintz-Vorhängen, vielen Blumen, die die Kaiserin außerordentlich liebte, und einer Menge Schnickschnack und Fotografien, die ihm ein recht heimeliges Aussehen verliehen. Alexandra hatte einen bewundernswerten Geschmack in allem, was die Inneneinrichtung ihrer Gemächer betraf, und sie verwandelte die alte Residenz der russischen Zaren in ein schönes Landhaus, wie man es im alten England oder in Frankreich findet. Aber ihre Vorstellungen in Bezug auf Möbel und Vorhänge und die allgemeine Innenausstattung der für ihren privaten Gebrauch bestimmten Räume unterschieden sich so sehr von den anerkannten russischen Vorstellungen zu diesem Thema, dass sie nicht nur unfreundlich, sondern auch unangenehm diskutiert wurden. Sie hatte niemanden konsultiert und aus ihrer Missbilligung gewisser Dinge, die ohne ihre Zustimmung getan worden waren, kein Geheimnis gemacht. Sie sprach mit einer Bitterkeit darüber, die sie im Interesse ihres künftigen Friedens besser vermieden hätte.

Der Kaiser jedoch war entzückt von allem, was sie getan hatte, und erfreut über die Art und Weise, wie sie ihre neue Residenz eingerichtet hatte, in die sie Anfang Oktober 1895 zogen. Die Kaiserin organisierte ihr Leben sofort nach Grundsätzen, denen sie während ihrer gesamten Regentschaft mehr oder weniger treu blieb. Sie stand früh auf und versäumte es nie, mit dem Kaiser zu frühstücken und ihn auf dem Spaziergang zu begleiten, den er jeden Morgen gern unternahm, bevor er sich an die Tagesgeschäfte machte. Sie pflegten bei jedem Wetter lange Spaziergänge im Park zu unternehmen, der den Palast von Zarskoi Selo umgab. Alexandra Feodorowna trug eine kurze Zobeljacke und einen Samtrock, den sie nach ihrer Rückkehr gegen ein aufwendigeres Kleidungsstück tauschte. Sie mochte keine Morgenmäntel, und den ersten, den ich sie jemals tragen sah, war während einer Krankheit, die Großherzogin Olga in deren früher Kindheit befiel, als ihre Mutter nachts bei ihr wach blieb und überredet wurde, ihre engen Kleidungsstücke gegen bequemere auszutauschen.

Um elf Uhr erschien der Privatsekretär der Kaiserin und brachte ihr die zahlreiche Korrespondenz, die erledigt werden musste. Sie arbeiteten etwa eine Stunde lang zusammen, und Alexandra versuchte mehr als einmal, sich für öffentliche Wohltätigkeitsorganisationen zu interessieren und sich über die verschiedenen Bildungseinrichtungen des Kaiserreichs zu informieren. Diese standen jedoch unter der besonderen Schirmherrschaft der Kaiserinwitwe, die keine Einmischung in diese Angelegenheit duldete und sich bemühte, ihre Schwiegertochter völlig davon fernzuhalten. Dies war ein großes Unglück, denn es beraubte letztere des erheblichen Interesses an ihrer Existenz und zwang sie beinahe dazu, ihre Zeit mit frivolen Beschäftigungen zu verbringen, die ihr egal waren. Das Mittagessen wurde um zwei Uhr serviert und war im Allgemeinen eine einfache, wenn auch reichliche Mahlzeit, zu der selten Gäste eingeladen wurden. Nachdem es vorbei war, blieb der Kaiser noch eine Stunde mit seiner Frau, plauderte über die verschiedenen Neuigkeiten des Tages, und dann gingen beide noch einmal spazieren. Der Kaiserin wurde um fünf Uhr auf einem Tablett in ihr Zimmer Tee gebracht, und sie trank ihn normalerweise in einem Zug, ohne auch nur einen Blick auf die Tasse zu werfen, in der er stand. Sie war begeisterte Handarbeiterin und vergnügte sich damit, hübsche kleine Spitzenkleider für ihr erwartetes Baby anzufertigen. In den ersten Tagen ihrer Ehe war ihr die Gesellschaft ihrer Hofdamen nicht geheuer, die sie manchmal wochenlang nicht sah. Später jedoch ließ sie sie, aufgrund der Vorwürfe, die man ihr wegen dieser Vernachlässigung ihrer persönlichen Dienerinnen machte, sonntags mit ihr und dem Kaiser speisen, und dieser Brauch hielt sich bis zur Revolution, als er zusammen mit so vielen anderen Dingen außer Gebrauch geriet.

Nach dem Abendessen machte es sich die Kaiserin in einem großen Sessel am offenen Kamin bequem und widmete sich wieder ihrer Handarbeit, während der Kaiser ihr vorlas. Er war ein sehr lesefreudiger und außerordentlich guter Leser. Er mochte historische Bücher mehr als alle anderen und verfolgte mit großem Interesse die verschiedenen englischen und französischen Zeitschriften, die ihm regelmäßig zugesandt wurden. Dies dauerte bis etwa elf Uhr, als sich Nikolaus II. für ein paar Stunden in sein Arbeitszimmer begab, während die Kaiserin begann, sich auszuziehen. Normalerweise war ich bei dieser Operation anwesend, die von den beiden Dienstmädchen durchgeführt wurde, die jeden Tag ausgewechselt wurden. Alexandra hatte eine Fülle von wunderschönem, seidigem Haar, und obwohl sie in Bezug auf dessen Behandlung nicht so kapriziös war wie die arme Kaiserin Elisabeth von Österreich, ließ sie es sich doch gern etwa eine halbe Stunde lang bürsten, danach wurde es eng geflochten und mit einem Seidenband zusammengebunden, das zu dem passte, das ihre Nachthemden schmückte. Diese waren aus feinstem Leinen oder Batist und reichlich mit Valenciennes- oder Mechelner Spitze verziert. Die Morgenmäntel und Peignoirs der Kaiserin waren im Allgemeinen aus Musselin über Seide mit Einsätzen aus Brüsseler Netz. Sie war eine überaus große Liebe zu schöner Unterwäsche und gestand mir eines Tages, dass eine ihrer größten Freuden nach ihrer Heirat die Möglichkeit gewesen sei, endlich ihrer Schwäche dafür nachgeben zu können. Ihre Bettlaken waren absolut prächtig und wurden jeden Tag gewechselt, wobei die Spitze, mit der sie verziert waren, sorgfältig ausgewählt wurde, damit sie zu der ihrer Nachthemden passte. Madame Barrauld, die große französische Dessous-Schönheit, die die Aussteuer aller eleganten jungen Mädchen der St. Petersburger Gesellschaft angefertigt hatte, wurde etwa einmal pro Woche nach Zarskoi Selo gerufen, um die Anweisungen der Kaiserin bezüglich ihrer Unterwäsche und der ihrer Töchter nach der Geburt dieser entgegenzunehmen.

Was Kleider anbelangte, besaß Alexandra Feodorowna für jede Saison etwa fünfzig, die zusätzlichen nicht mitgerechnet. Sie mochte weiße Kleider sehr, obwohl diese ihr nicht passten. Man hatte ihr jedoch erzählt, dass es russischer Brauch sei, bei jedem großen Fest weiße Gewänder zu tragen, und sie hatte es so weit übertrieben, dass die Petersburger Gesellschaft, die immer darauf aus war, ihren neuen Herrscher zu kritisieren, sich darüber lustig machte und ihre eleganten Modebosse so taten, als würden sie bei Gelegenheiten farbige und sogar dunkle Kleider tragen, bei denen sie früher nie daran gedacht hätten. Man sagte ihr nach, sie habe keinen Geschmack in ihrer Art, sich zu kleiden, und deshalb hielt man es für richtig, zumindest in dieser Hinsicht genau das Gegenteil von dem zu tun, was sie tat.

Die kaiserliche Familie kam nicht oft nach Zarskoi Selo. Anfangs hatten die Großfürstinnen, Tanten der Kaiserin, versucht, sie zu sehen, ohne vorgeladen worden zu sein; doch bald merkten sie, dass zwischen ihnen und ihr eine Barriere bestand, die sie nicht beseitigen konnten. Alexandra Fjodorowna war ihnen gegenüber immer höflich, empfing sie immer mit einem Lächeln, aber sie schaffte es trotzdem, ihnen das Gefühl zu geben, dass sie sie langweilten und dass sie ihre Besuche nicht mochte. Auch die Kaiserinwitwe hatte versucht, die Zurückhaltung ihrer Schwiegertochter zu durchbrechen, doch obwohl diese es vermieden hatte, sie zu verletzen, indem sie zu offen zeigte, dass sie es nicht mochte, in ihrer Einsamkeit gestört zu werden, hatte ihre Steifheit Marie Fjodorowna nicht ermutigt, den Versuch zu wiederholen, das Haus ihres Sohnes als ihr eigenes zu betrachten und es nach ihrem Willen und Vergnügen zu betreten und zu verlassen.

All dies führte dazu, dass das Verhalten der jungen Frau von Nikolaus II. fast von den ersten Tagen ihrer Ankunft in Russland an streng kritisiert wurde. Unglücklicherweise war die Wahl der Mitglieder ihres Haushalts für sie keine glückliche gewesen. Ihre Hofdame, Prinzessin Galitzyne, war eine faszinierende Frau, die nur an ihre eigenen Vorteile und die Möglichkeit dachte, die hohe Position, die sie innehatte, zu ihrem eigenen Vorteil zu nutzen. Ihre Hofdamen waren sehr nette Mädchen, aber meist unbedeutende Personen, und, um die Wahrheit zu sagen, ihr Ehemann war nicht der Mann, der ihr in diesen ersten Tagen ihres Ehelebens der Führer sein konnte, den sie brauchte. Die einzige Person, die sie persönlich kannte und die mit der Zeit einen beträchtlichen Einfluss auf sie gewann, war ihre Schwester, die Großherzogin Elisabeth, vor der sie in ihren Mädchentagen mehr oder weniger Ehrfurcht gehabt hatte und die die ihr als Älteste der Kaiserin gebührenden Privilegien missbrauchte. Und die Großfürstin war keine weise Mentorin für die beeinflussbare, impulsive Frau, die das Schicksal auf den Thron ganz Russlands erhoben hatte.

Mit ihren Dienern sprach Alexandra Feodorowna nie, außer wenn es um ihre Pflichten ging. Sie unterhielt sich morgens und abends eine halbe Stunde lang mit mir über Dinge, die ihre Kleider oder Juwelen betrafen, und gab mir Anweisungen, was in dieser Hinsicht zu tun sei. Aber erst nach einigen

Jahren, nachdem ich ihr bei der Pflege der jungen Prinzessinnen während eines Scharlachanfalls geholfen hatte, begann die Kaiserin mit mir über häusliche Angelegenheiten und andere Dinge zu sprechen, die sie beunruhigten. Sie hasste Vertraulichkeiten und glaubte fest daran, dass es zu ihren Pflichten gehörte, die Menschen auf Distanz zu halten. Und doch hatte sie ein so gutes Herz! Es genügte ihr, zu wissen, dass einem ihrer Diener oder Diener ein Unglück widerfahren war, um ihnen all das Mitgefühl zu zeigen, von dem ihre Seele erfüllt war. Aber in normalen Zeiten behielt sie eine Haltung der Zurückhaltung bei, die immer missverstanden wurde und für die man ihr mehr als einmal bittere Vorwürfe machte.

Paul Thompson

ALEXANDERSAAL IM KREML IN MOSKAU

Im November, dem ersten Hochzeitstag des Zaren, erwartete der Hof die Geburt des ersten Kindes des kaiserlichen Paares. Alle waren sich einig, dass es ein Sohn werden würde, ein Erbe der riesigen Ländereien und des Throns der Romanows. Der Gedanke, dass es ein Mädchen sein könnte, war weder der Nation noch den Herrschern selbst in den Sinn gekommen. Unzählige Vorbereitungen waren für die Ankunft des lang ersehnten Jungen getroffen worden, und seit einigen Tagen schlief niemand mehr im Palast von Zarskoi Selo. Endlich wurden die Ärzte, die seit Wochen die kaiserliche Residenz nicht verlassen hatten, an Alexandra Fjodorownas Bett gerufen. Die arme Frau hatte es sehr schwer, und viele Stunden lang schwebte ihr Leben in der Schwebe, während jede Hoffnung, das Kind lebend zur Welt zu sehen, fast verschwunden war. Groß war daher die Freude, als man seinen Schrei zum ersten Mal hörte, eine Freude, die sich jedoch in große Enttäuschung verwandelte, als man verkündete, dass das Baby nichts weiter als ein armes kleines Mädchen war, winzig und zart; ein kleines Mädchen, das niemand haben wollte und das niemand mögen wollte, außer der Mutter, die es mit all der Zärtlichkeit in ihr Herz schloss, die, wenn auch zurückhaltend, eine der Grundlagen ihres seltsamen, vielleicht nicht liebenswerten, aber insgesamt bewundernswerten Charakters bildete.

KAPITEL IV

DIE KRÖNUNG

DIE Taufe der Großfürstin Olga Nicolaievna wurde mit großem Pomp in Zarskoi Selo zelebriert, danach zog der Hof nach St. Petersburg und die junge Kaiserin bezog ihre neuen Gemächer im Winterpalast. Diese waren prächtig ausgestattet mit prächtigen Seidenvorhängen aus Lyon, die denen nachempfunden waren, die die Gemächer von Marie Antoinette im königlichen Palast von Fontainebleau in Frankreich schmücken. Dies war eine Überraschung des Zaren für seine Frau, aber diese war nicht erfreut, sondern wurde von dieser Erinnerung an die unglückliche Königin von Frankreich abergläubisch beeinflusst. Es ist noch nie erzählt worden, dass, als die Kaiserin noch ein Kind in London war, eine alte Zigeunerin, die sie bei einem Spaziergang mit ihren Schwestern im Richmond Park getroffen hatte, ihr und ihrer Schwester Elizabeth Unglück prophezeit hatte und sagte, dass sie beide in einem fernen Land heiraten würden, wo sie nichts als Tränen und Kummer erwarteten. Diese Tatsache, die sie nie vergessen hatte, hatte mehr mit der Last der Traurigkeit zu tun, die Alexandra Fjodorowna ständig zu bedrücken schien, als man es sich vorstellte, obwohl sie es natürlich vermied, sie zu erwähnen.

Dennoch versuchte sie, die Vorahnungen abzuschütteln, die ihre Seele erfüllten, als sie die für sie vorbereiteten Räume sah, und sie bemühte sich, ihnen jenen Hauch von Intimität zu verleihen, den sie unweigerlich auf alle Orte übertrug, an denen sie lebte. Große Palmen wurden hereingebracht und in verschiedene Ecken gestellt, und ein paar wertvolle Bilder wurden an die Wände gehängt. Aber die Kaiserin interessierte sich nicht für Gemälde, und als sie gefragt wurde, ob sie sich nicht einige der Gemälde aus der Ermitage-Sammlung bringen lassen wolle, wie es im Fall der Großmutter ihres Mannes, der Kaiserin Marie Alexandrowna, getan worden war, lehnte sie ab und sagte, sie wolle der Öffentlichkeit den Anblick dieser Gemälde nicht vorenthalten. Im Allgemeinen war Kunst nicht ihr Ding, aber sie las viel und spielte mit beträchtlichem Vergnügen Klavier, ohne jedoch das musikalische Talent zu besitzen, das ihre älteste Tochter, die Großherzogin Olga, auszeichnete, die später eine ziemliche Künstlerin wurde. Es war die Gewohnheit der Kaiserin, vor dem Spielen ihre Ringe abzunehmen, von denen sie einige schöne Exemplare besaß, und sie auf das nächstgelegene Möbelstück zu werfen. Hinterher vergaß sie, wo sie sie hingelegt hatte. Dies war manchmal sehr ärgerlich, da sie nicht immer sofort gefunden werden konnten, und man suchte fieberhaft im ganzen Palast nach ihnen, bis sie schließlich an irgendeinem unmöglichen Ort auftauchten. Unter diesen Ringen befand sich einer mit einem wunderschönen rosa Diamanten, der Verlobungsring der Kaiserin, den sie allen anderen vorzog und den sie ständig trug. Trotzdem konnte sie sich, selbst bei diesem Lieblingsjuwel, die seltsame Angewohnheit nicht abgewöhnen, ihn ab und zu vom Finger zu nehmen und damit zu spielen, wie es ein Kind getan haben könnte, manchmal ganz unbewusst davon.

Das Klavier der Kaiserin war ein prächtiges Instrument von Erard und ein Hochzeitsgeschenk ihrer Schwiegermutter. Sie zog es allen anderen vor, die sie besaß, und als sich der Hof endgültig in Zarskoi Selo niederließ und nie länger als ein paar Stunden in den Winterpalast zurückkehrte, ließ sie es dorthin bringen und spielte darauf, bis sie in jenes sibirische Exil geschickt wurde, aus dem sie vielleicht nie zurückkehren wird.

Die Taufe der Großherzogin Olga war das Signal für die Wiederaufnahme der Hoffestlichkeiten nach der Trauerzeit um Alexander III. Im Winterpalast wurden wieder Bälle gegeben, obwohl die junge Herrin nicht viel vom Tanzen hielt, aber sie waren kürzer und nicht halb so lebhaft wie die der Vergangenheit. Zum einen stillte die Kaiserin selbst ihre kleine Tochter, sehr zum Unmut ihrer Verwandten, die dies für unpassend für ihre Position hielten, und sie zog sich gern früh zurück. Bei all diesen Empfängen war sie von bezaubernder Erscheinung und prächtig gekleidet, vielleicht zu prächtig, und sie machte auf jeden Fall einen prächtigen Eindruck, wenn sie einen Ballsaal betrat. Aber die Leute hielten sie für langweilig und fanden, dass ihr die Art von Konversation fehlte, die man „Small Talk" nennt. Sie war viel zu offen, um ihre Gefühle zu verbergen, und konnte sich nicht dazu durchringen, sich amüsiert zu zeigen, während sie sich in Wirklichkeit langweilte. Das wurde bemerkt und natürlich übelgenommen. Die Leute erwarten, dass man sich für ihre Taten und Worte interessiert, und eine Kaiserin, die kaum jemals lächelte, entsprach nicht ihrer Vorstellung davon, wie sie hätte sein sollen, so dass aus dem einen oder anderen Grund die Wintersaison, die in St. Petersburg sonst so glänzend war und auf die man sich nach der traurigen, die ihr vorangegangen war, sehnsüchtig gefreut hatte, nicht den erwarteten Erfolg brachte. Alexandra Fjodorowna wurde schnell unbeliebt, einfach weil sie sich nicht auf das Niveau derer herablassen wollte, die sie so offen und beharrlich kritisierten.

Schon damals gab es eine Partei, die gegen sie war und keine Gelegenheit ausließ, sie mit ihrer Schwiegermutter zu vergleichen, und das war nicht zu ihrem Vorteil. Die Schwiegermutter war sehr beliebt, teilweise weil sie immer Wert darauf gelegt hatte, jeden, den sie kannte oder traf, sympathisch zu erscheinen. Sie war vielleicht nicht gesprächiger als ihre Schwiegertochter, aber sie hatte all ihren Bekannten süß gelächelt und freundlich zugenickt und ihr waren die Fehler ihrer Nachbarin nie aufgefallen. Alexandra Feodorowna hingegen neigte zur Satirik und hatte einen ausgeprägten Sinn für Humor, der ihr das Leben nicht gerade angenehmer machte. Sie zeichnete die geschicktesten Karikaturen und zeigte sie gern. Eines Tages fertigte sie eine wunderbar geistreiche Skizze des Zaren an, der in einem Kinderstuhl saß, während seine Mutter ihn schalt, weil er einen Teller Suppe, den sie ihm reichte, nicht annehmen wollte . Das Unentschieden ging von Hand zu Hand und trug nicht dazu bei, harmonische Beziehungen zwischen den beiden Kaiserinnen herzustellen, während die Öffentlichkeit empört darüber war, dass der Zar von seiner eigenen Frau verspottet wurde, die ihm eigentlich als erste Respekt und Ehrerbietung hätte erweisen sollen. All dies waren nur Kleinigkeiten, aber sie waren der Wassertropfen, der schließlich den härtesten Stein abträgt. Oftmals wollte ich meine Herrin vor den Kritiken warnen, denen sie sich durch ihre Manieren und ihr Verhalten bereitwillig aussetzte, aber ich wagte es nie; und diejenigen, die es hätten tun können, wie ihre Hofdame und ihre Hofdamen, berücksichtigten ihre Interessen nicht ausreichend, um sie auf diese kleinen Dinge aufmerksam zu machen, die in Wirklichkeit wichtig waren, im Hinblick auf ihr zukünftiges Wohlergehen und Glück.

Aus verschiedenen Gründen war die Unbeliebtheit der jungen Herrscherin bereits eine feststehende Tatsache, als die Krönung in Moskau stattfand. Sie zeigte sich ganz deutlich an dem Tag, als sie ihren öffentlichen Einzug in die alte Stadt hielt, als die Menschenmengen sie mit absolutem Schweigen begrüßten, während sie der Kaiserinwitwe lautstark zujubelten. Alexandra fühlte dies zutiefst, und als sie allein in ihren Gemächern war, weinte sie heftig über diesen Ausdruck des Missfallens der Nation in Bezug auf ihre Person. Es war das erste Mal, dass ich sie in irgendeiner Art von Trauer verfallen sah, und es berührte mich sehr, besonders im Hinblick auf das, was folgen sollte. Ich hatte diese süße, sanfte Dame bereits lieben gelernt, die von solch anhaltendem Pech verfolgt zu sein schien und deren Handlungen von genau den Leuten missverstanden wurden, die die wahren Motive, die sie leiteten, hätten erkennen sollen. Die Kaiserin hatte ein hohes Pflichtgefühl, aber eine falsche Vorstellung davon, worin dieses bestand. Sie war viel zu sehr darauf bedacht, die Zustimmung ihrer Untertanen zu gewinnen, als dass sie sich selbst darum bemüht hätte, dies auf die richtige Weise zu tun, und außerdem hatte sie niemanden, der sie auf die verschiedenen Eigenheiten der russischen Nation und der russischen Gesellschaft aufmerksam machte. Sie wollte nicht gegen die ihrer Ansicht nach nationalen Gefühle des Volkes verstoßen, über das sie herrschte, und dennoch gelang es ihr, diese Gefühle bei fast jedem Schritt zu verletzen, den sie unternahm.

Paul Thompson

THRONSAAL IM KREML IN MOSKAU

Ein schreckliches Beispiel hierfür ereignete sich während eben jener Krönung, von der ich spreche. Jeder kennt den traurigen Unfall, der sie trüben sollte und der eine Analogie zu dem darstellte, der sich in Paris während der Hochzeitsfeierlichkeiten von Ludwig XVI. und Marie Antoinette ereignete. Dank der Nachlässigkeit und Unachtsamkeit derer, die es besser hätten wissen müssen, endete ein Volksfest, das eines der charakteristischen Merkmale des gesamten Krönungsspektakels war, in einer schrecklichen Katastrophe, und etwa zwanzigtausend Menschen wurden auf dem Chodinka-Feld bei Moskau zu Tode gequetscht. In derselben Nacht sollte in der französischen Botschaft ein Ball stattfinden. Der Botschafter, der Graf von Montebello, schickte einen seiner Attachés zum Zeremonienmeister und fragte, ob er den Ball angesichts der Katastrophe, die sich am Morgen ereignet hatte, verschieben sollte. Dieser Beamte, der sich zusammen mit anderen bemüht hatte, den Zaren über das Ausmaß der Katastrophe im Unklaren zu lassen, nahm es auf sich, zu antworten, dass es keinen Grund für diese Programmänderung gebe, und der Hof begab sich dementsprechend zur französischen Botschaft. Die junge Kaiserin, die von einer ihrer Damen die Wahrheit über die Geschehnisse erfahren hatte, war höchst unglücklich darüber, an dem Tag, an dem ein so schreckliches Unglück so viele Menschen ereilt hatte, öffentlich auftreten zu müssen, aber sie hatte Angst, ihre Meinung zu sagen, aus Furcht, man könnte meinen, sie hätte den ersten Vorwand ergriffen, um sich nicht im Montebellos zeigen zu müssen. Man vermutete bereits damals, dass sie den Deutschen sympathisierte, und sie war sich der Meinung über sie und über sich selbst durchaus bewusst. Sie wollte dieser Annahme keinen weiteren Grund geben und folgte daher nicht dem Instinkt ihres Herzens, der sie zu den verschiedenen Krankenhäusern geführt hätte, in die die Opfer des Morgens gebracht worden waren. So ging sie mit Kummer in der Seele und Angst im Kopf zu diesem verhängnisvollen Ball und tanzte die ganze Nacht, obwohl ihre Gedanken nicht bei der heiteren Szene waren, an der sie so ungern teilnahm.

Als sie in den Kreml zurückkehrte, ließ sie sich in einen Sessel neben ihrem Bett fallen und brach in lautes Schluchzen aus, ohne auf meine Anwesenheit oder die ihrer anderen Dienstmädchen zu achten. Da ich nicht wollte, dass sie diesen Ausbruch der Trauer miterlebten, schickte ich sie fort und versuchte meine Herrin nach besten Kräften zu trösten, indem ich sie bat, sich zu beherrschen und den Kaiser nicht mit dem Anblick ihres Kummers zu beunruhigen. Aber Alexandra Feodorowna weinte weiter, bis ich sie schließlich dazu überredete, ins Kinderzimmer zu gehen, wo der Anblick ihres kleinen Mädchens, das in seinem Bettchen schlief, sie wieder zur Fassung brachte.

Und das war die Frau, die als kalt und gefühllos dargestellt wurde und der ihre völlige Gleichgültigkeit angesichts einer Katastrophe ungewöhnlichen Ausmaßes vorgeworfen wurde! Hätte sie nur auf den Schrei ihres eigenen Herzens gehört und nicht immer in der Angst gelebt, Fehler zu machen und gegen die Sympathie ihrer Umgebung zu verstoßen, wäre es ihr sicherlich viel besser ergangen und sie wäre höchstwahrscheinlich viel beliebter gewesen.

Die Krönung war weit entfernt von dem erwarteten Erfolg, und der Hof kehrte mit einem Gefühl der Erleichterung, dass sie vorüber war, nach Peterhof zurück. Es folgten ein paar ruhige Wochen, vielleicht die glücklichsten im ganzen Leben von Alexandra Fjodorowna, die dann begann, etwas zu organisieren, das sich später als eine wahre Institution herausstellte – Nähkurse, denen sie vorstand, wo Damen der Gesellschaft Kleidungsstücke für die Armen nähten, die zu Weihnachten an diese verteilt wurden, so etwas wie Königin Marias Handarbeitsgilde von England. Dies war ihr erstes Unterfangen im karitativen Bereich, und für einige Zeit erwies es sich als erfolgreich, weil viele Damen sich dem Geist der Aktion anschlossen, leider aus Eigennutz, und weil sie erwarteten, dass sie dadurch die Aufmerksamkeit des Herrschers auf sich ziehen und so zu ihrem Erfolg in der Weltkarriere beitragen würden . Aber auch hier erkannte die Kaiserin nicht, was der Grund für die Bereitschaft war, mit der ihr Appell erhört wurde, und sie erwies den Frauen, die sich dem Geist der Aktion angeschlossen hatten, keine besondere Gunst. Diese waren sehr bald angewidert von dem, was sie als kaiserliche Undankbarkeit bezeichneten, und schließlich endeten die Nähkurse in Czarskoi Selo, zumindest soweit es die elegante Welt betraf, denn sie wurden weiterhin von den Frauen und Töchtern der kleinen Händler des kaiserlichen Bezirks besucht, die begierig darauf waren, in persönlichen Kontakt mit der Frau ihres Zaren zu kommen, und mit diesem neuen Element florierten sie und schafften es, viel Gutes zu bewirken. Später, während des japanischen Krieges, wurden sie in den Winterpalast in St. Petersburg gebracht, wo sie bis zur Revolution blieben, da der gegenwärtige Krieg ihnen einen neuen Anreiz gegeben hatte.

In den Wochen unmittelbar nach der Krönung wurden schließlich die Pläne für eine Reihe von Auslandsbesuchen in den verschiedenen Hauptstädten Europas ausgearbeitet. Damals wurde auch endgültig entschieden, dass zu diesen Besuchen auch ein Besuch beim Präsidenten der Französischen Republik gehören sollte, ein Ereignis, das, wie man sich vorstellen kann, zu vielen lebhaften Diskussionen Anlass gab und dafür sorgte, dass in den Kanzleien und Zeitungsredaktionen der ganzen Welt, insbesondere Europas, viel Tinte vergossen wurde. Die Kaiserin sah dieser Reise mit Besorgnis entgegen, bereitete sich jedoch dennoch mit ungewöhnlicher Sorgfalt darauf vor. Ich hatte sie noch nie zuvor so sehr an den Kleidern interessiert gesehen, die sie tragen sollte, und sie schickte genaue Anweisungen an Worth aus der berühmten Rue de la Paix, der mit der Aufgabe betraut werden sollte, die für diesen bedeutsamen Anlass erforderlichen Kleider anzufertigen. Sehr gegen ihren Willen wurde jedoch entschieden, dass einige der Kronjuwelen mitgenommen werden sollten, da es für notwendig erachtet wurde, während dieser Reise ungewöhnliche Pracht zur Schau zu stellen. Dies gefiel der Kaiserin nicht, da es zwischen ihr und ihrer Schwiegermutter zu Streitigkeiten über eben diese Juwelen gekommen war, aber man ließ sie nicht eingreifen, und sowohl die historische Halskette als auch die Tiara von Katharina II. wurden ordnungsgemäß verpackt und mitgenommen. Die Ereignisse bewiesen, dass Alexandra Feodorownas Instinkt richtig war, denn die Gesellschaft in St. Petersburg warf ihr diesen Verstoß gegen die alten Romanow-Traditionen, die vorschrieben, dass die Krondiamanten nicht aus Russland ausgeführt werden durften, bitter vor, und sogar die kaiserliche Familie kritisierte diese Neuerung in den alten Bräuchen und machte sie dafür verantwortlich. In Wirklichkeit war es der damalige Außenminister, Fürst Lobanoff, der darauf bestanden hatte, dass die Kaiserin in London, Paris und Wien in voller Pracht ihrer kaiserlichen Stellung erschien, und der diese Frage aufgeworfen hatte, mit der Alexandra Feodorowna selbst nichts zu tun hatte, außer sich den Vereinbarungen zu unterwerfen, die andere in ihrem Namen getroffen hatten. So wird die Geschichte geschrieben.

KAPITEL V

BESUCHE IM AUSLAND

DER Beginn der Besuche des jungen Kaiserpaares an ausländischen Höfen war von einem jener Unglücksfälle geprägt, die ihnen überallhin zu folgen schienen. Der Außenminister, Prinz Lobanoff, starb plötzlich auf einem Bahnhof, an dem der kaiserliche Zug für einige Minuten angehalten hatte. Er war ein Mann von großem Können und großer diplomatischer Erfahrung und außerdem ein treuer Freund der jungen Kaiserin, die von ganzem Herzen um ihn trauerte. Er hätte ihr später zweifellos gute Ratschläge gegeben, die sie oft brauchte, und sie vor den heimtückischen Ratschlägen warnen können, die sie so oft von Leuten erhielt, die daran interessiert waren, sie einen Fehler nach dem anderen begehen zu sehen. Sein Nachfolger, Graf Mouravieff, war ein Protegé und ein Liebling der Mutter der Kaiserin, die für seine Ernennung verantwortlich war. Er war zwar ein Mann mit außergewöhnlichen Fähigkeiten, wusste aber sehr wohl, wovon er lebte, und war viel zu welterfahren, um sich an eine Frau zu binden, die – das wusste er nur zu gut – es nie schaffen würde, sich in dem Land, auf dessen Thron sie saß, beliebt zu machen.

Einer der ersten Besuche, die Nikolaus II. und seine Gemahlin im Ausland abstatteten, galt dem deutschen Kaiserpaar in der Stadt Breslau. Dieser Besuch war gewählt worden, um dem Treffen einen vertraulicheren Charakter zu verleihen und es von dem offizielleren Charakter zu befreien, den es gehabt hätte, wenn es in Berlin stattgefunden hätte. Sie wurden mit großem Pomp empfangen. Wilhelm II. legte seine besten Manieren an den Tag und versuchte mit allen Mitteln, seinen Gästen ein angenehmes Gefühl zu geben. Er war der Cousin ersten Grades von Alexandra Feodorowna und hatte sich einst vorgestellt, in ihr eine treue Verbündete für seine verschiedenen Pläne zu finden. Doch in diesen ersten Monaten ihres Ehelebens hatte die Zarin eine andere Lektion gelernt, nämlich, dass sie sich besser nicht in die Politik einmischen sollte. Sie beschränkte sich daher auf den Austausch von Banalitäten mit ihren deutschen Cousinen, so dass Kaiserin Augusta Victoria später bemerkte, sie hätte nie erwartet, „Alix" so frivol zu finden. Tatsächlich hatte die junge Zarin großen Wert darauf gelegt, für diesen Anlass prächtig gekleidet zu sein. Worth hatte einen Sonderboten nach St. Petersburg geschickt, um mit ihr zu besprechen, welche Kleidung sie für dieses große Ereignis benötigen würde: ihren ersten Auftritt als Kaiserin ganz Russlands an ausländischen Höfen. Beim großen Staatsessen in Breslau trug meine Herrin ein Kleid, dessen Stoff in Lyon speziell für sie gewebt worden war, ein glänzender weißer Satin, mit goldenen Lilien und Federn bestickt, das tiefe Mieder war reich mit Goldspitze besetzt. In ihrem Haar trug sie ein Diadem aus Saphiren und Brillanten, und um ihren Hals ruhten unbezahlbare Saphire und Perlen, deren längste Reihe bis zum Saum ihres Rockes reichte. Sie sah wirklich prächtig aus, aber diese Pracht wurde vom deutschen Volk scharf kritisiert, das erklärte, sie wolle es mit ihrem Reichtum beeindrucken. Eine weitere Sache, die ihren Gastgebern missfiel, war die Tatsache, dass sie ihr goldenes Toilettenservice mitgebracht und das silberne, das für sie vorbereitet worden war, beiseite gelegt hatte. Dieses war ihr als Kompliment aus der königlichen Schatzkammer in Berlin mitgebracht worden. Dieses silberne Toilettenservice hatte der berühmten Königin Louise, der Mutter von Wilhelm I., gehört, und der Kaiser hatte geglaubt, dass er seinem russischen Gast ein großes Kompliment machte, indem er es ihm zur Benutzung überließ. Als er hörte, dass sie es weggeworfen hatte, war er tödlich beleidigt und machte sogar eine schneidende Bemerkung in dieser Hinsicht, die sie wiederum bitter übel nahm, indem sie sagte, es scheine ihr, dass ihr Cousin Wilhelm sie, die kleine hessische Prinzessin, immer noch für ebenso unwichtig halte wie vor ihrer Heirat. All diese Dinge hätten mit ein wenig Fingerspitzengefühl vermieden werden können, und oft bedauerte ich diese Angewohnheit der Zarin, impulsiv Dinge zu sagen, die verletzend waren. Ich hatte versucht, sie davon abzubringen, dieses schwere Toilettenset mit sich herumzuschleppen, das ihr tatsächlich überall, wo sie hinging, Ärger einbrachte, aber sie wollte nicht auf mich hören und sagte mir, dass es mich nichts anginge, was sie beschlossen hatte, und dass ich nur die mir gegebenen Anweisungen ausführen müsse, also musste ich notgedrungen schweigen. Eine weitere Laune der Kaiserin war es, die schönen Spitzenbesätze ihres Toilettentisches mit sich herumzutragen. Wohin wir auch gingen, mussten sie herausgenommen und an dem Tisch angebracht werden, an dem sie saß, um sich frisieren zu lassen, und manchmal verursachte dies unnötige Arbeit, die ihre Zofen zur Verzweiflung brachte, weil nicht alle Tische gleich groß waren und die Spitze unter Schwierigkeiten angebracht werden musste, da sie natürlich nicht geschnitten werden konnte. Es handelte sich um Point d'Angleterre- und Brüsseler Spitze, und eines der Sets bestand aus altem Argenton im Wert von zwanzigtausend Francs. Das Set musste jeden Tag gewechselt werden und war außerdem mit Satinbändern in verschiedenen Farben verziert, was seinen Eindruck von Reichtum noch verstärkte.

Seltsamerweise genoss die Zarin ihren Besuch am Wiener Hof weitaus mehr als den bei ihren Berliner Cousinen. Sie war schon immer neugierig gewesen, Kaiserin Elisabeth kennenzulernen, und die Tatsache, dass diese eingewilligt hatte, aus ihrer Abgeschiedenheit herauszukommen und bei ihrem Empfang in Wien anwesend zu sein, konnte ihr nur schmeicheln. Außerdem fühlte sie sich von der Persönlichkeit der schönen bayerischen Prinzessin angezogen, die ein trauriges Schicksal in eine Mater Dolorosa verwandelt hatte, und die beiden Damen waren sich von Anfang an sympathisch. Mit einer zarten Aufmerksamkeit, die, wie ich fürchte, niemand zu schätzen wusste, hatte die Zarin ein weißes Kleid für das Staatsdinner ausgewählt, das in der Hofburg gegeben wurde, und während ihres gesamten Aufenthalts in Wien achtete sie darauf, nicht in Farben zu erscheinen, aus Respekt vor den Gefühlen der Kaiserin Elisabeth, die ihr Leben lang nicht aufgehört hatte, um Erzherzog Rudolph zu trauern.

Während dieser Reise fuhren wir auch nach Balmoral, wo die Kaiserin ihre Großmutter, Königin Victoria, traf. Die alte Herrscherin war seit dem frühen Tod ihrer Mutter, Prinzessin Alice, sehr freundlich zu ihrer Enkelin gewesen und hatte sie oft bei sich gehabt. Aber dieser Aufenthalt in Balmoral war kein Erfolg. Vielleicht war es kaum möglich, dass er einer werden konnte, denn das Wesen meiner Herrin duldete keine Einmischung, und Königin Victoria, die, wie sie es im Allgemeinen mit allem, was ihre unmittelbare Familie betraf, von der wachsenden Unbeliebtheit der jungen Zarin gehört hatte, machte ihr Vorwürfe und begann, ihr Ratschläge zu geben, was sie tun sollte. Die Kaiserin jedoch nahm keinen Rat an, da sie dachte, dass niemand außerhalb Russlands die wachsenden Schwierigkeiten ihrer Lage verstehen könne, und außerdem war sie nicht daran interessiert, ihre Großmutter in die verschiedenen Intrigen einzuweihen, die in der russischen Zarenfamilie grassierten. Daher nahm sie die Ermahnungen der Königin kühl auf, und als die beiden Damen sich trennten, war dies nicht so herzlich, wie man hätte erwarten können.

Natürlich war Paris der Höhepunkt der Auslandsbesuche des Kaisers und der Kaiserin. Es erwartete sie mit einer Begeisterung, wie sie die französische Hauptstadt wahrscheinlich noch nie zuvor erlebt hatte. Von allen Seiten hörte man „Vive l'Impératrice!"-Rufe in der Luft, und die Anerkennung der Zeitungen und der Öffentlichkeit war allesamt herzlich und voll aufrichtiger Bewunderung. Aber die Kaiserin, deren Gesundheitszustand schwach war, schien sich nicht für das aufwendige Festprogramm zu interessieren, das zu ihren Ehren geplant worden war, und zeigte sich lustloser und gleichgültiger als sonst. Sie war müde und fühlte sich außerdem verlegen über die ihrer Ansicht nach übertriebenen Bewunderungsbekundungen, mit denen sie begrüßt wurde. Sie zeigte es so deutlich, dass die Pariser irgendwie das Gefühl hatten, sie schätze ihre Bemühungen, ihr zu gefallen, nicht ganz, und sie begannen ihrerseits, sie sowie ihre Manieren und ihre Kleidung zu kritisieren. Obwohl Worth sich selbst übertroffen hatte, fehlte den Kleidern, die er für diesen Anlass angefertigt hatte, der echte Pariser Chic, den die heitere Stadt verlangt. Und es flüsterte man, die Zarin wisse nicht, wie sie sich zu kleiden habe, was in den Augen der Franzosen ein schwerer Vorwurf sei. Es ereignete sich auch ein anderer Vorfall, der den Mangel an Takt veranschaulicht, der das Verhalten meiner kaiserlichen Mätresse so oft beeinträchtigte und der ihr gesamtes Gefolge und ihren Hof kennzeichnete. Der russische Botschafter, Baron Mohrenheim, gab in der Botschaft ein Mittagessen, zu dem er die Führer des Teils der französischen Gesellschaft einlud, der Faubourg St. Germain genannt wird. Zu denen, die seinem Aufruf folgten, gehörten die Herzoginnen von Luynes und d'Uzes, die Gräfin Aimery de la Rochefoucauld und die Herzogin von Doudeauville. Der Zarin war gesagt worden, dass diese Damen in republikanischen Kreisen nicht beliebt seien, und sie hatte Angst, ihnen Aufmerksamkeit zu schenken, die als Wunsch interpretiert werden könnte, den Feinden des Regimes, das sie willkommen hieß, zu gefallen. Sie ließ es folglich zu, dass man sie ihr vorstellte, sprach jedoch nur wenige Worte mit ihnen und zeigte sich ihnen gegenüber so kühl, dass sie natürlich einen schweren Anstoß erregte und Baron Mohrenheim erfuhr, dass seine „ *Imperatrice n'était pas aimable* " sei.

Natürlich hätte eine Frau mit ein wenig Welterfahrung wissen können, wie sie die verschiedenen Elemente, mit denen sie in Kontakt kam, unter einen Hut bringen konnte. Aber Alexandra Fjodorowna war keine Diplomatin und konnte ihre Gefühle auch nie verbergen. Auf diese Weise verletzte sie diejenigen, denen sie insgeheim vielleicht am meisten zu gefallen wünschte.

Die kleine Großherzogin Olga hatte ihre Eltern bei diesen Besuchen begleitet, und trotz der vielen Dinge, die sie zu tun hatte, und der zahlreichen Anforderungen an ihre Zeit vergaß meine Herrin nie, abends beim Auskleiden ihres Kindes dabei zu sein, und ließ es morgens als erstes in ihr Zimmer bringen. Normalerweise weckte ich die Zarin um acht Uhr, reichte ihr dann ein Spitzen- und Seiden-Morgenjäckchen, das mir das diensthabende Zimmermädchen brachte, und dann fragte sie nach ihrer Tochter, mit der sie etwa eine halbe Stunde spielte, bevor sie einen Blick in die Morgenzeitungen warf und die Tasse Tee trank, die sie morgens mochte. Der Tee musste sehr stark und bitter sein, und sie nahm nie Zucker oder Sahne dazu. Wenn sie angekleidet war, nahm sie mit dem Kaiser ein englisches Frühstück ein, das, nachdem es für halb zehn Uhr angesetzt worden war, später viel früher eingenommen wurde, um den Unterricht der Kinder nicht zu stören. Die Kaiserin mochte gern Eier und eine bestimmte Art knusprigen Speck, wie man ihn üblicherweise in Windsor oder Balmoral oder in den Residenzen von Königin Viktoria fand. Sie hatte im Allgemeinen einen sehr englischen Geschmack, und Englisch war die einzige Sprache, die im Kreis der russischen kaiserlichen Familie gesprochen wurde. Diese Aufmerksamkeit Alexandra Fjodorownas für ihre Tochter wurde natürlich in Paris ebenso wie in London gelobt, aber in St. Petersburg nicht so gewürdigt, wie es verdient hätte, wo es hieß, sie hätte besser daran getan, weniger eine gute Mutter und mehr Kaiserin zu sein. Besonders die kaiserliche Familie kritisierte sie offen und nannte sie spöttisch „Mere Gigogne". Als ihr eine Tochter nach der anderen geboren wurde, wurde diese Kritik noch schärfer, und es hieß, sie verschwendete ihre ganze Zeit damit, sich um kleine Mädchen zu kümmern, deren Existenz für das Russische Reich überhaupt kein Interesse hatte.

Ich muss hier eine Tatsache berichten, die meines Wissens nie öffentlich gemacht wurde. Nach der Krönung hatte die Kaiserin aufgrund von Übermüdung einen Unfall, der einige ihrer Mutterschaftshoffnungen zunichtemachte. Sie hatte in ihrer Familie nicht über ihren Zustand gesprochen und sagte mir, sie sei sehr froh, dies nicht getan zu haben, denn höchstwahrscheinlich wäre sie der einen oder anderen Unvorsichtigkeit beschuldigt worden, zumal ihr Arzt sagte, das erwartete Kind würde aller Wahrscheinlichkeit nach ein Junge sein. Trotzdem gelangte die Sache irgendwie an die Öffentlichkeit, in dem Sinne, dass man vermutete, dass ein solcher Unfall stattgefunden hatte, obwohl niemand mit Sicherheit wusste, ob es wahr war oder nicht, und mit der üblichen Boshaftigkeit der Menschheit wurde gemunkelt, die Herrscherin habe Gründe gehabt, ihren Zustand zu verheimlichen, und der Unfall selbst sei eher absichtlich als zufällig herbeigeführt worden. Eines Tages wurde ich gefragt, ob diese Sprüche, die in St. Petersburg frei kursierten, wahr seien oder nicht. Stellen Sie sich meine Empörung und Wut vor, als ich hörte, wie meine geliebte Herrin einer so schrecklichen Sache beschuldigt wurde, obwohl die Beschuldigung nicht die geringste Grundlage hatte, um sie zu rechtfertigen. Als meine kaiserliche Herrin später begann, mir ihr Vertrauen zu schenken, flehte ich sie an, immer wenn sie Grund zu der Annahme hatte, dass sie bald wieder Mutter werden würde, dies sofort zu erwähnen und so viel wie möglich davon zu erzählen. Aber sie wurde so hartnäckig vom Pech verfolgt, dass dies später auch für sie eine Quelle großer Schwierigkeiten war, als sie zufällig von einer Krankheit befallen wurde, die zunächst einem Zustand zugeschrieben wurde, den es in Wirklichkeit gar nicht gab.

Paul Thompson

ALTER BANKETTSAAL DER ZAREN

Als wir nach dieser (für einen solchen Triumph gehaltenen) Auslandsreise nach St. Petersburg zurückkehrten, wurden wir dort mit noch größerem Überschwang empfangen, als wir erwartet hatten. Das Bündnis mit Frankreich erfreute sich großer Beliebtheit, und die russische Nation fühlte sich außerdem geschmeichelt von der Vorstellung, dass ihre Herrscher überall, wo sie gewesen waren, so viel Anerkennung fanden. Wir fuhren zunächst nach Zarskoi Selo und zogen dann für die Wintersaison in die Hauptstadt, wo die Kaiserin wie üblich die Damen der Gesellschaft nach der Messe am Neujahrstag empfing, woraufhin die übliche Reihe von Festlichkeiten begann, die St. Petersburg zu der Zeit, von der ich hier schreibe, zu einer so attraktiven Stadt machten. Aber statt der sieben oder acht Bälle, die normalerweise im Winter stattfinden, arrangierte die Kaiserin nur vier, aufgelockert durch vier Theateraufführungen im kleinen Theater des Ermitage-Palastes, der von Kaiserin Katharina erbaut worden war. Diese Aufführungen, die immer aus klassischen Stücken bestanden, wurden für langweilig erklärt, und die Leute fanden die eine oder andere Ausrede, ihnen fernzubleiben, was den Beginn des Boykottsystems darstellte, das später auf alle Unterhaltungen der Kaiserin ausgedehnt wurde. Sie wurde als langweilig bezeichnet, und angesichts des bestehenden Zustands sowie der Sitten und

Gebräuche der Gesellschaft der russischen Hauptstadt hätte die Kritik nicht schlimmer ausfallen können.

KAPITEL VI

DIE GROSSHERZOGIN ELIZABETH

AUF die Gefahr hin, einen Sturm der Entrüstung gegen mich auszulösen, muss ich sagen, dass eines der Unglücke der Zarin darin bestand, dass sie in Russland eine ältere Schwester hatte, die bereits mit einem russischen Großfürsten verheiratet war. Ich weiß, dass es eine etablierte Legende ist, dass Großfürstin Elisabeth eine Heilige ist, die noch zu ihren Lebzeiten heiliggesprochen werden sollte. Aber in Wirklichkeit war es nicht so, wie dargestellt. Die Großfürstin war eine sehr ehrgeizige Frau und außerdem eine, die sich um nichts und niemanden auf der Welt kümmerte, mit Ausnahme von sich selbst. Trotz des Gerüchts, dass ihre Ehe sehr unglücklich war, war sie im Gegenteil vollkommen glücklich mit ihrem Ehemann, der ganz zufrieden damit war, sie ihr eigenes Leben leben zu lassen, und der sich nie in irgendetwas einmischte, was ihr gefallen könnte. Als er zum Generalgouverneur von Moskau ernannt wurde, beeilte sie sich, zur griechischen Kirche überzutreten, um sich in der alten Hauptstadt der russischen Zaren Popularität zu verschaffen, und bis zu einem gewissen Grad gelang ihr dies auch. Sie nutzte ihre Stellung als älteste Schwester der jungen Zarin aus, um sie zu beeinflussen und sie gegenüber jenen Leuten zu beeinflussen, über die sie sich persönlich zu beschweren glaubte. Die Charakterschwäche von Nikolaus II. war seiner Familie schon lange vor seiner Thronbesteigung bekannt, und sowohl der Großfürst Sergius, der, nebenbei bemerkt, ein außerordentlich kluger Mann war, als auch seine Frau beschlossen, Russland durch den Einfluss seiner neuen Kaiserin zu regieren und die einzigen wirklich wichtigen Persönlichkeiten im Staat zu werden. Dies gelang ihnen teilweise, und dies war die Ursache für die meisten Unglücke, die die unglückliche Zarin später heimsuchen sollten.

Diese hatte trotz ihrer ungestümen und, wenn man die Wahrheit sagen muss, hochmütigen Art Ehrfurcht vor ihrer ältesten Schwester, ein Gefühl, aus dem Großherzogin Elisabeth sehr gut Kapital zu schlagen wusste. Sie machte sich daran, ihre Schwester davon zu überzeugen, dass es unabdingbar sei, dass sie eine viel stärkere Bindung an den orthodoxen Glauben vortäusche, als sie in Wirklichkeit vorgab, und dass sie schnell populär werden würde, wenn die orthodoxe Geistlichkeit nur glauben sollte, in ihr eine tatkräftige Unterstützung gefunden zu haben. Man darf nicht vergessen, dass zu dieser Zeit der Einfluss der Priester im Allgemeinen schnell schwand und dass sie sich dessen bewusst waren. Es ist daher nicht überraschend, dass sie versuchten, einen Verbündeten in der kaiserlichen Familie zu finden, und dass Großherzogin Elisabeth, die behauptete, in den Praktiken einer engen Frömmigkeit aufzugehen, zum Objekt ihrer Zuneigung wurde. Sie war sich dieser Tatsache durchaus bewusst, und da sie eine viel klügere Frau war, als sie aussah, nutzte sie sie zu ihrem eigenen Vorteil und zum Nachteil ihrer Schwester.

Elisabeth Fjodorowna galt als Halbheilige. In Wirklichkeit war sie nichts dergleichen, denn sie mochte die schlechten wie die guten Dinge dieser Welt in einem übermäßigen Maße. Obwohl sie Bewunderung liebte, war sie nicht unempfindlich gegenüber der Bewunderung, die sie hervorrief, und sie hatte viele Bewunderer, angefangen mit dem Bruder ihres eigenen Mannes, dem Großfürsten Paul. Aber sie hatte all ihre Intrigen auf großartige Weise betrieben und nie zugelassen, dass sie den allgemeinen Komfort ihres Lebens beeinträchtigten. Obwohl sie bis in die Fingerspitzen weltlich war, legte sie sich doch auf die Manieren einer weltfremden Frau und „nahm" die meisten Menschen, mit denen sie in Kontakt kam, durch ihre Heuchelei in ihren Bann, denn anders konnte man es kaum nennen.

Im Grunde war sie eifersüchtig auf ihre Schwester, so wie sie eifersüchtig auf die Kaiserin Maria Feodorowna während deren Herrschaft gewesen war. Vor allem aus diesem Grund war sie so froh, nach Moskau zu gehen, wo sie die erste Dame der Stadt sein und eine halbkaiserliche Stellung genießen würde. Sie wollte nicht, dass jemand ihr vorgezogen wurde, und sie bemühte sich, die junge Zarin mit allen ihr zur Verfügung stehenden Mitteln unbeliebt zu machen.

Natürlich glaubte die unglückliche Alexandra Fjodorowna, die bei ihrer Heirat nichts über Russland und noch weniger über die russische Gesellschaft wusste, alles, was ihre Schwester ihr erzählte, und diese vermittelte ihr eine völlig falsche Meinung über die meisten Leute, die sie sah oder mit denen sie in Kontakt kam – zunächst über die Kaiserinwitwe und alle anderen Mitglieder der kaiserlichen Familie. Unter letzteren hätte die junge Zarin Freunde finden können, die ihr jedoch nur zu gern Führung gaben, wie zum Beispiel ihre eigene Schwägerin, die Großfürstin Xenia, die etwa in ihrem Alter war und ihr nur zu gern von Nutzen gewesen wäre. Aber deren Ehemann, der Großfürst Alexander Michailowitsch, traute man ehrgeizige Pläne zu und war außerdem einer der intelligentesten Männer seiner Zeit. Dies reichte mehr als aus, um ihn aus der Zahl der Leute auszuschließen, mit denen Alexandra Fjodorowna sich häufig treffen sollte.

Ich möchte ein Beispiel für den Einfluss anführen, den Großfürstin Elisabeth auf ihre Schwester ausübte. Eines Tages kam die Kaiserin zu mir und erzählte mir (das geschah während des Krieges), dass ihre Schwester ihr einige Reliquien eines berühmten Heiligen der orthodoxen Kirche geschickt habe, der in der Kathedrale von Rostow am Don begraben sei. Gleichzeitig sagte sie ihr, sie solle sie in Wasser auflösen und dieses Wasser dann frühmorgens trinken, bevor sie andere Nahrung zu sich nehme. Wenn sie dies täte, würden die russischen Streitkräfte unweigerlich Erfolg haben. Die arme Kaiserin war hin- und hergerissen zwischen ihrer Überzeugung, dass sie ihrer Schwester gehorchen müsse, und ihrer Abneigung gegen das abscheuliche Getränk, das sie zu sich nehmen sollte. Ich versuchte mein Bestes, sie davon zu überzeugen, dass das Ganze Unsinn sei, aber dann mischte sich Rasputin ein, der ein Werkzeug der Großherzogin Elisabeth war, und nach langem Zögern entschloss sich die unglückliche Zarin schließlich dazu, die schmutzigen Reliquien zu trinken, wie ihr befohlen worden war, und wurde infolgedessen entsetzlich krank.

Elisabeth Fjodorowna war es auch, die Rasputin in den engsten Kreis der kaiserlichen Familie einführte. Zuvor hatte sie ihrer Schwester einen Franzosen namens Philippe vorgestellt, der als eines der ersten Medien Europas galt, und für kurze Zeit war dieser Philippe eine ziemlich wichtige Persönlichkeit am Hof. Es war ungefähr zu der Zeit, als der Japanische Krieg ausbrach, und der intrigante Franzose tat sein Bestes, um seinen Einfluss und seine Macht zu festigen, indem er alle möglichen Prophezeiungen über den Verlauf des Kampfes machte. Die Ereignisse widerlegten jedoch seine Vorhersagen, denn statt der glänzenden Erfolge, die er prophezeit hatte, folgte dem Verlauf des Feldzugs eine Niederlage, und die russischen Armeen wurden vernichtend geschlagen. Dies erschütterte den Ruf des Mediums, und schließlich wurde er nach einem weiteren Versagen privater Natur (er hatte der Kaiserin versprochen, sie würde im Laufe der nächsten sechs Monate einen Sohn zur Welt bringen, was nicht geschah) entlassen, hauptsächlich auf Ersuchen des Großherzogs Nikolaus, der den Zaren aufsuchte und ihm die vielen Intrigen enthüllte, deren Philippe sich schuldig gemacht hatte. Als er fort war, verbrachte die Kaiserin ihre Zeit damit, allein oder mit einigen ausgewählten Freunden Tische zu decken, und schließlich brachte sie ihr Nervensystem in einen solchen Zustand, dass es kein Wunder ist, dass sie eine leichte Beute für Rasputin wurde, als dieser ihr von ihrer Schwester mit der Versicherung vorgestellt wurde, er sei einer der größten Heiligen, die die Russisch-Orthodoxe Kirche je gekannt hatte.

Diesen Einfluss übte Großfürstin Elisabeth nicht nur in religiösen und politischen Angelegenheiten aus, sondern auch in rein frivolen. So führte sie beispielsweise eine Schneiderin aus Moskau in den Kaiserpalast ein, die ihre eigenen Kleider anfertigte und der sie versprochen hatte, die Kaiserin als Kundin zu gewinnen. Diese Schneiderin, von der ich immer überzeugt war, dass sie eine deutsche Spionin war, wurde eine ziemlich wichtige Persönlichkeit am Hof, und bald wagte meine Herrin es nicht mehr, ein Kleid bei jemand anderem als dieser Frau zu bestellen. Dies verursachte natürlich große Unzufriedenheit unter ihren früheren Modistinen sowohl in Petrograd als auch in Paris, die, nachdem sie jahrelang ihre Schirmherrschaft genossen hatten, es schwer fanden, für eine Neueinsteigerin beiseite geschoben zu werden. Ich versuchte mehr als einmal, Einwände zu erheben und darauf hinzuweisen, dass es zweckmäßig sei, ehemalige Freunde nicht zu beleidigen, wenn man in einem solchen Fall einen solchen Ausdruck verwenden kann, aber ich wurde sofort zum Schweigen gebracht, mit dem Ergebnis, dass die Kaiserin doppelt so viel für ihre Kleidung ausgab wie in den ersten Jahren ihrer Ehe und mit viel weniger Geschmack gekleidet war. Unter dem Vorwand, sie müsse russische Seide tragen, wurden für sie Kleider aus minderwertigem Material angefertigt, und zwar in abscheulicher Verarbeitung. Das war umso beschämender, als Moskau Seidenfabriken besitzt, deren Produkte den schönsten französischen Seiden in nichts nachstehen, aber meine arme Herrin hatte nie die Gelegenheit, sie zu besitzen, und der billigste und schäbigste Satin und Samt waren diejenigen, die ihr berühmter Moskauer Schneider für sie aussuchte. Worth, der jahrelang das Privileg gehabt hatte, die Kleider der russischen Kaiserinnen anzufertigen, wurde sehr wütend über die Nachlässigkeit, mit der seine Angebote behandelt wurden, und bald wurde die Kaiserin nicht nur in St. Petersburg, sondern auch in Paris als geizig bezeichnet, wo die Besitzer der vielen Geschäfte, in denen sie früher ihre Kleider gekauft hatte, zu ihren Feinden wurden und anfingen, sie Deutsche zu nennen, nur weil sie ihre Kleider und andere Dinge nicht mehr bei ihnen kaufte. All dies hätte man leicht vermeiden können, wenn man einen starken und unabhängigen Willen gehabt hätte und nicht wie meine arme Herrin jedes Mal in Angst und Schrecken versetzt worden wäre, wenn ihre Schwester mit einer Klage oder in irgendeiner Aufregung über sie herfiel. Als die kleinen Großherzoginnen heranwuchsen, mischte sich auch ihre Tante in ihre Erziehung ein. Sie hielt sich für eine ausgezeichnete Pädagogin und war überzeugt, dass sie die beiden mutterlosen Kinder ihres Schwagers, des Großherzogs Paul, Dmitri und Marie, die später die Frau eines schwedischen Prinzen wurde, von dem sie sich kurze Zeit später scheiden ließ, vorbildlich erzogen hatte. In Wirklichkeit hatte sie nichts dergleichen getan, und weder der Neffe noch die Nichte, über deren Kindheit sie angeblich mit so viel Sorgfalt gewacht hatte, erwiesen ihr irgendeine Ehre, noch bewiesen sie in irgendeiner Weise die Vortrefflichkeit der Erziehung, die sie ihnen angeblich zukommen ließ. Auf die Kinder des Zaren und der Zarin wirkte sich ihr Einfluss äußerst schädlich aus und hätte sogar gefährlich werden können, wenn nicht der ausgeprägte gesunde Menschenverstand der beiden ältesten Mädchen sie vor der Gefahr der abergläubischen Atmosphäre bewahrt hätte, die ihre Tante ihnen vermitteln wollte.

Internationaler Filmdienst

RASPUTIN

Die Kaiserin war die beste und zärtlichste aller Mütter. Ihre Liebe zu ihren Kindern war sogar fast zu inbrünstig, denn sie war immer um sie besorgt und ließ sie kaum jemals mit anderen Menschen zusammen, aus Angst, ihnen könne etwas Schlimmes zustoßen. Sie dachte ganz natürlich, dass sie ihrer Schwester vertrauen und die Verantwortung für die Erziehung ihrer Familie mit ihr teilen könne. In Wirklichkeit hätte sie keine schlechtere Wahl treffen können, denn zwischen Ehrgeiz und Aberglaube war Großherzogin Elisabeth so ziemlich die letzte Person, der man freien Zugang zu Mädchen mit dem beeinflussbaren Temperament der jungen Töchter von Nikolaus II. gewähren sollte.

KAPITEL VII

DIE FAMILIÄREN VERHÄLTNISSE DER ZARINA

DIE Kaiserin war wie alle deutschen Prinzessinnen in einer familiären Atmosphäre aufgewachsen, die viel Bourgeoisie an sich hatte. Ihr Vater war ein verhältnismäßig armer Mann gewesen, und sein Haushalt war in äußerst bescheidenen Verhältnissen geführt worden, wie aus den Briefen der Mutter der Zarin, der Großherzogin Alice von Hessen, hervorgeht, die sie an ihre eigene Mutter, Königin Viktoria, richtete. Weder Prunk noch Pracht waren die Erziehung der jungen Prinzessinnen, die so früh ihre Mutter verloren hatten, bestimmt, und erst in Windsor und Balmoral hatte Prinzessin Alix erfahren, was die Existenz einer Herrscherin bedeutete. Andererseits war sie mit ihren Schwestern und ihrem Bruder, dem sie besonders zugetan war, sehr glücklich gewesen. Nach dem Tod ihres Vaters war sie einige Jahre lang praktisch die Herrin seines Haushalts gewesen, und sie hatte seine Heirat mit ihrer Cousine, der Prinzessin Viktoria Melita von Sachsen-Coburg, bitter bedauert. Letztere, deren Mutter eine russische Großfürstin war, hatte auf ihre Weise einen ebenso herrischen Charakter wie ihre Schwägerin, und bald wurde das Verhältnis zwischen den beiden Mädchen mehr als gespannt. Wie allgemein bekannt ist, verlief die Ehe des Großfürsten von Hessen äußerst unglücklich und endete mit einer Scheidung, bei der Prinzessin Alix Partei für ihren Bruder ergriff und dessen Frau dies einsehen ließ. Dies führte zu einem Familienstreit, der durch die Wiederverheiratung von Victoria Melita mit ihrem anderen Cousin, dem Großfürsten Kyrill von Russland, noch verschärft wurde, was die Kaiserin so erzürnte, dass sie all ihren Einfluss auf den Zaren nutzte, um diesen zu überreden, Kyrill und seine Braut ins Exil zu schicken und ihnen ihr Vermögen und ihren Rang am russischen Hof zu entziehen. Dies war ein höchst bedauerlicher Schritt, denn er zog den Zorn aller Verwandten der Zarin auf sich, die sie bereits zuvor nicht mochten und die daraufhin die Reihen ihrer Feinde verstärkten, die leider bereits zu zahlreich waren.

Ich habe es immer bedauert, dass meine kaiserliche Geliebte nicht in der Lage war, sich unter ihren eigenen Verwandten Freunde zu machen. Diese Voreingenommenheit, die sie ihren hessischen Verwandten gegenüber immer an den Tag legte, war sehr bedauerlich und trug sicherlich zu ihrer Unbeliebtheit bei. Wäre sie klug gewesen, hätte sie leicht in der Schwester des Zaren, der Großherzogin Xenia, und deren Ehemann eine warme Stütze finden können, deren freundliche Gefühle ihr gegenüber ihr die Treue aller Söhne des Großherzogs Michael gesichert hätten, des Großonkels des Zaren und des angesehensten und ältesten Mitglieds der Familie Romanoff. Leider sah sie nicht die Notwendigkeit, dies zu tun, und sie fürchtete den Einfluss, den Xenia, seine Lieblingsschwester, zweifellos einst auf den Zaren ausübte.

Daher hielt sie sie auf Abstand und vermied es, sie nach Zarskoi Selo einzuladen. Die kaiserliche Familie sah sich auf Schritt und Tritt brüskiert und boykottierte ihrerseits ihre Kaiserin mit der Folge, dass diese sich von Tag zu Tag weiter von jenen entfernte, die ihre natürlichen Freunde und Unterstützer hätten sein sollen.

Großfürstin Wladimir, selbst eine deutsche Prinzessin und von Geburt Herzogin von Mecklenburg, war einst diejenige gewesen, zu der sich Alexandra Fjodorowna am meisten hingezogen gefühlt hatte, und es hatte sich sogar eine gewisse Vertrautheit zwischen ihnen entwickelt. Dann hatte die Prinzessin eines Tages, als sie ihre Nichte besuchte, in ihrem Zimmer eine der zahlreichen Nonnen angetroffen, mit denen diese sich gern umgab und die ihr von ihrer Schwester Elisabeth vorgestellt worden war. Sie hatte ein paar Bemerkungen darüber gemacht, wie unratsam es für eine Kaiserin von Russland sei, eine ungebildete Frau in solch enge Vertrautheit zu lassen, die außerdem wahrscheinlich wie alle russischen Nonnen dem Klatsch verfallen war. Diese Bemerkungen wurden sehr schlecht aufgenommen und beendeten eine Freundschaft, die trotz der vielen Unannehmlichkeiten, die sie mit sich brachte (die Großfürstin Wladimir war eine aktive Unterstützerin des Kaisers und der deutschen Partei am Hof), immer noch der Freundschaft vorzuziehen gewesen wäre, die zwischen Alexandra Feodorowna und einer Menge unwissender Mönche und Nonnen bestand, deren Gesellschaft sie schließlich der aller anderen vorzog. Das war jedoch nicht viel gesagt, denn mit der Zeit entwickelte meine Herrin immer mehr diese unglückliche Liebe zur Einsamkeit, für die sie so oft und nicht zu Unrecht vorgeworfen wurde. Sie hatte einen großen Fehler für eine Frau in ihrer hohen Position – sie nahm das Leben zu ernst, in dem Sinne, dass sie niemals zugeben würde, dass jemand das Recht habe, sich von den Pflichten des täglichen Lebens zu amüsieren oder zu entspannen. Tatsächlich suchte sie nach Pflichten und fand welche, wo es keine gab. Sie hasste Bälle und die Gesellschaft verachtete sie zutiefst, da sie glaubte, dass sie aus frivolen und bösartigen Menschen bestand. Sie mochte keine unschuldigen Vergnügungen, nicht weil sie andere bevorzugte, sondern weil sie davon überzeugt war, dass jede einzelne Stunde des Lebens eines jeden Mannes oder einer jeden Frau einer Pflicht oder Beschäftigung irgendeiner Art gewidmet sein sollte. Wenn sie gezwungen war, bei einem Ball oder einer Staatsveranstaltung zu erscheinen, tat sie dies mit einem so gelangweilten Gesichtsausdruck, dass es nicht unbemerkt blieb und natürlich übelgenommen wurde. Ihr größtes Glück wäre es gewesen, ein Leben im Freien zu führen, lange Spaziergänge zu machen und zur Entspannung Tennis oder Golf zu spielen. Sogar ihre Lektüre war immer eine ernste Angelegenheit, und so etwas wie ein Roman wurde in ihren Gemächern nie gesehen. Manchmal drängten ihre Schwägerinnen sie, dieses oder jenes Buch zu lesen, dessen Veröffentlichung irgendeine Art von Aufsehen in der Welt erregt hatte. Aber sie lehnte ausnahmslos ab, oder wenn sie zustimmte, tat sie dies unter Protest und machte später beißende Bemerkungen über ihre Abneigung gegen diese Art von Literatur. Der Zar dagegen las gern einen guten Roman und versuchte manchmal, seiner Frau den Inhalt eines Romans vorzulesen. Sie hörte ihm mit gelangweiltem Gesichtsausdruck zu, brachte ihre Missbilligung jedoch auf keine andere Weise zum Ausdruck. Sie war sehr rücksichtsvoll gegenüber ihrem Mann, obwohl sie in den ersten Tagen ihrer Ehe dazu neigte, ihren Einfluss und ihre Macht über seinen Geist zu sehr zu zeigen, was ihr die russische Gesellschaft ebenfalls nicht verziehen hatte. Ein Vorfall im Besonderen hatte den Zorn der Kaiserinwitwe erregt, die aus ihrer Empörung über ihre junge Schwiegertochter keinen Hehl machte. Der Zar und seine Frau hatten eine Einladung zum Abendessen und zum Abend in der Kaserne des Husarenregiments angenommen, dessen Kommando der Kaiser als Thronfolger geführt hatte. Nikolaus II. amüsierte sich, wie er es immer tat, wenn er mit seinen alten Kameraden aus früheren Zeiten zusammen war, aber die Kaiserin war weit davon entfernt, dies zu tun, und als es elf Uhr schlug, beschloss sie, dass sie genug davon hatte, und rief ihren Mann laut und deutlich auf Englisch: „Komm jetzt, mein Junge, es ist Zeit, ins Bett zu gehen!" Man kann sich das Entsetzen der Gehilfen vorstellen, als sie hörten, wie der Alleinherrscher ganz Russlands von seiner unvorsichtigen Frau in der Öffentlichkeit als „mein Junge" angesprochen wurde. Der Vorfall wurde weithin kommentiert und diskutiert, und Marie Feodorowna hielt es für ihre Pflicht, ihrer Schwiegertochter diesbezüglich Vorwürfe zu machen, indem sie sagte, dass sie es nie gewagt habe, Alexander III. in Gegenwart anderer, geschweige denn bei einem offiziellen Anlass wie diesem, anders als mit „Sir" oder „Eure Majestät" anzusprechen. Meine Herrin nahm diese Vorwürfe sehr übel auf, und die Beziehungen zwischen den beiden Damen verbesserten sich nach dieser Angelegenheit nicht.

Wäre Alexandra Fjodorowna von Menschen umgeben gewesen, die ihr wohlgesinnt waren, hätten sie versucht, sie zu erziehen und ihr die Notwendigkeit der Einhaltung gewisser Einzelheiten der Etikette vor Augen zu führen, deren Notwendigkeit sie in ihrem kleinen Darmstadt nie gelernt hatte, die sie aber in ihrer Stellung als Kaiserin von Russland nicht vernachlässigen konnte. Freundlichkeit hätte bei ihr Wunder gewirkt, und niemand hätte sie mehr geschätzt als sie selbst, aber Widerstand jeglicher Art trieb sie zur Verzweiflung und trieb sie dazu, genau das zu tun, was sie nicht hätte tun sollen. Sie hatte die Vorstellung, dass sie als Frau eines autokratischen Herrschers über jede Art von Kritik erhaben sei und dass niemand es wagte, Bemerkungen über ihr Verhalten oder ihre Manieren zu machen. Natürlich war das eine falsche Vorstellung, aber sie hatte sich so tief in ihren Geist eingeprägt, dass nichts sie jemals vertreiben konnte, und sie hat sicherlich zu den Unglücken beigetragen, die sie später heimsuchten. Ach! Ach! wie oft habe ich es bedauert, dass diese süße Prinzessin, die in vielerlei Hinsicht so attraktiv war, nicht dazu gebracht werden konnte, die Welt mit anderen Augen als denen eines Feindes zu betrachten. Wenn sie nur denen geglaubt hätte, die sie aufrichtig liebten, wie anders wäre ihr Leben verlaufen!

Im Sommer 1898 erkrankte Großherzogin Olga an Scharlach. Die englische Krankenschwester, die das kaiserliche Kinderzimmer leitete, blieb mit dem zweiten kleinen Mädchen des Zarenpaares, Großherzogin Tatiana, zurück, und die Kaiserin übernahm die alleinige Pflege des kranken Kindes. Ich bat um Erlaubnis, die Pflege der Kranken mit ihr teilen zu dürfen, und danach begann meine Herrin, sich mir bis zu einem gewissen Grad anzuvertrauen und mit mir über einige ihrer vielen Ängste und Sorgen zu sprechen. Ich kann mich noch gut an sie erinnern, wie sie in diesen Tagen und Nächten neben dem Kinderbett saß, in dem ihre kleine Tochter schlief, gekleidet in einen Morgenmantel aus weißem Flanell, den ich sie fast gezwungen hätte, für diesen Anlass zu kaufen, ihr blondes Köpfchen ruhte auf ihrer Hand, in Gedanken versunken und mit diesem süßen, aber besorgten Ausdruck auf ihrem schönen Gesicht, der sich bereits damals auf ihren Zügen abzuzeichnen begann. Sie beklagte sich einmal bei mir, dass ihre Verwandten ihr Vorwürfe gemacht hätten, weil sie sich der Ansteckungsgefahr ausgesetzt habe. „Als ob das wichtig wäre", sagte sie, „selbst wenn ich sterbe, denn der Kaiser würde immer eine andere Frau finden, die vielleicht mehr Glück hätte als ich und ihm einen Erben schenken könnte. Niemand würde mich vermissen, mit Ausnahme vielleicht dieser Kinder", und sie begann bittere Tränen zu weinen. Ich versuchte sie zu trösten, indem ich ihr sagte, dass sie nicht so reden dürfe, denn keine Frau sei jemals von ihrem Mann mehr geliebt worden als vom Kaiser. „Ach, meine Liebe", erwiderte die Kaiserin, „was nützt es mir, von meinem Mann geliebt zu werden, wenn die ganze Welt gegen mich ist? Ich möchte die Liebe der Nation gewinnen, und wie kann ich hoffen, dies zu erreichen, solange ich Russland keinen Erben geschenkt habe!" Die arme Frau, sie bildete sich wirklich ein, der Grund für ihre Unbeliebtheit sei die Tatsache, dass sie keinen Sohn hatte!

Das erinnert mich an den Gemütszustand, in den meine arme Herrin bei der Geburt ihrer zweiten Tochter Tatiana geriet. Sie hatte sich während der gesamten Schwangerschaft Sorgen gemacht, dass sie vielleicht noch ein Mädchen bekommen könnte, bis der Gedanke daran schließlich zu einer wahren Besessenheit wurde und ihr Nervensystem infolgedessen völlig zerstört war. Als das Kind zur Welt kam, herrschte tiefe Stille im Zimmer, und der Arzt teilte dem Zaren durch ein vorher vereinbartes Zeichen das Geschlecht des Kindes mit, das zunächst vor der Mutter geheim gehalten werden musste. Aber die Kaiserin sah die besorgten und besorgten Gesichter um sich herum, als sie sich von den Auswirkungen des Chloroforms erholt hatte, das ihr verabreicht worden war, und ihre ersten Worte waren: „Mein

Gott, es ist wieder eine Tochter. Was wird die Nation sagen, was wird die Nation sagen?" und sie brach in laute Hysterie aus.

Dennoch wurden die kleinen, kleinen Mädchen, die nacheinander kamen, um den Familienkreis des Zaren und der Zarin zu beleben, obwohl sie sehr schlecht aufgenommen wurden, mit der Zeit zum Gegenstand der innigsten Liebe ihrer Eltern und wurden genauso umsorgt, als ob ihre Geburt für ihren Vater und ihre Mutter nicht eine schwere Enttäuschung gewesen wäre. Aber die Tatsache, dass Russland etwa zehn Jahre lang keinen direkten Erben hatte, erschütterte die Position von Alexandra Fjodorowna, die als eine Person ohne Bedeutung angesehen wurde. Die Leute blickten zu Großfürst Michael auf, in dem jeder den zukünftigen Zaren sah und der nicht nur ungeheuer beliebt war, sondern dessen Gesichtszüge und Charakter mehr als die seiner anderen Kinder an den verstorbenen Alexander III. erinnerten. Die Kaiserin war sich dieser Tatsache durchaus bewusst, und sie trug nicht dazu bei, dass sie ihren Schwager mochte. Im Allgemeinen stand sie mit keinem Mitglied der russischen Zarenfamilie auf gutem Fuß, mit Ausnahme natürlich ihrer Schwester und deren Ehemann, dem Großfürsten Sergius, und sie hing mehr denn je an ihren deutschen Verwandten und insbesondere an ihrem Bruder. Sie freute sich immer auf die kurzen Aufenthalte, die sie von Zeit zu Zeit in Darmstadt machen durfte, wo sie sich wohler fühlte als anderswo, mit Ausnahme von Livadia auf der Krim, wo sie sich anstelle des kleinen Häuschens, das für die Kaiserin Marie Alexandrowna als ausreichend befunden worden war und in dem Alexander III. seinen letzten Atemzug getan hatte, eine Art Märchenpalast baute. Der Bau dieses Palastes war auch eines der Dinge, für die meine Herrin Vorwürfe gemacht wurde. Die Leute sagten, es sei nicht schicklich gewesen, das Haus, in dem der verstorbene Zar gestorben war, abzureißen, und sie kritisierten die große Menge Geld, die, wie es hieß, für den Bau dieser neuen Residenz verschwendet worden war. Als dies der Kaiserin wiederholt wurde, wurde sie ganz wütend und schwor, dass keiner von denen, die so unzufrieden mit dem waren, was sie getan hatte, jemals die Tore ihrer Heimat auf der Krim betreten würde. Sie hielt ihr Versprechen, und nicht einmal ihre Schwiegermutter wurde jemals eingeladen, das neue Schloss zu besichtigen, das Alexandra Fjodorowna sich am Ufer des Schwarzen Meeres gebaut und so schön gemacht hatte.

KAPITEL VIII

LEBEN IN CZARSKOI SELO

ICH wurde oft nach Einzelheiten gefragt, wie die kaiserliche Familie in ihrem Haus lebte. Solange ich in ihrem Dienst war, sprach ich nie über das, was ich sah, und vermied es im Allgemeinen, irgendetwas zu erwähnen, das mit dem Familienleben meiner Herren zusammenhing. Es scheint mir jetzt, dass ich keine Indiskretion begehe, wenn ich dies tue, denn ich habe nur Gutes über den unglücklichen Zaren und die Zarin zu sagen.

Sie waren ein sehr liebevolles Paar, und wenn man sie ansah und ihre Unterhaltungen hörte, hätte man sie fast für kleine „Bürger" halten können, wie sie französische Autoren so lieben, und nicht für mächtige Herrscher. Sie scherzten oft miteinander und neckten sich gegenseitig auf ruhige Weise, und beide waren sehr lustig, wenn man sie allein ließ. Später änderten sich die Dinge natürlich, und als der politische Horizont immer düsterer wurde, wurde das alte fröhliche Lachen, mit dem der Kaiser und seine Frau die Hallen und Korridore des Zarskoi-Selo-Palastes zum Widerhallen brachten, leiser und war nur noch sehr selten zu hören. Aber der Sinn für Humor von Nikolaus II. und seiner Gemahlin verließ sie nie, und sie neigten dazu, die freudige Seite der Dinge zu sehen, anstatt sich in allen Angelegenheiten, die nicht die Verwaltung ihres riesigen Reiches betrafen, dem Pessimismus hinzugeben. Dies war der tragische Teil ihres Lebens, und da sie beide sehr gewissenhafte Menschen waren, mussten sie schmerzlich feststellen, dass all ihre Bemühungen, die Lage ihres Volkes zu verbessern, missverstanden wurden. Natürlich ist es müßig zu leugnen, dass die Charakterschwäche des Kaisers in hohem Maße für die Reihe von Katastrophen verantwortlich war, die ihn und seine Familie schließlich überwältigten, aber es muss auch anerkannt werden, dass er bei der Erfüllung seiner schwierigen Aufgabe nie aufrichtige und uneigennützige Hilfe stieß. Während der ersten Jahre ihrer Ehe hielt sich die Kaiserin von allem, was mit Politik zu tun hatte, fern, oder vielmehr wurde sie von allem ferngehalten, was mit Politik zu tun hatte, was sehr schade war, denn zu dieser Zeit hätte sie sich auf viele Arten nützlich machen können. Aber alle Minister und Berater von Nikolaus II. waren der Meinung, dass seine Frau in eine untergeordnete Position degradiert werden müsse, und er selbst hatte kein Verlangen, sie in die komplizierten Einzelheiten der russischen Regierung einzuführen. Erst nachdem sie einen Erben zur Welt gebracht hatte, wurde die Position von Alexandra Feodorowna wichtig, und ihr Mann konsultierte sie. Zu dieser Zeit hatte sich der Ruf des Kaisers als charakterschwach erwiesen und seine bisherigen Herrscher waren außer sich vor Wut, als sie sahen, dass sie aus dem Amt vertrieben worden waren. Sie brachten das Gerücht in Umlauf, die Kaiserin würde ihren Einfluss auf den Zaren missbrauchen und ihn zwingen, sich ihren eigenen politischen Ansichten anzupassen, die als rein deutsch galten.

Soweit ich es beurteilen konnte, war dies zumindest in einigen Einzelheiten ein Fehler. Die Zarin war ihrem Geburtsland sehr zugetan, das kann man nicht leugnen, aber sie war eine zu liebevolle Mutter, um nicht zu sehen, dass es unmöglich gewesen wäre, in Russland eine rein deutsche Politik zu verfolgen, und das, woran sie am meisten klammerte, war ihr Thron und die Möglichkeit, dass ihr eigener Sohn ihn irgendwann besteigen würde. Sie war ehrgeizig, sowohl für ihn als auch für sich selbst, und obwohl dies bedauerlich sein mag, ist es doch nicht überraschend.

Sie mochte St. Petersburg und den Luxus ihrer Gemächer im Winterpalast nicht, und nach dem Japanischen Krieg und der Revolution überredete sie den Zaren, seinen Wohnsitz dort aufzugeben und seinen ständigen Wohnsitz in Zarskoi Selo oder in Livadia auf der Krim zu nehmen. Sie kamen manchmal zu militärischen Feierlichkeiten in die Hauptstadt, aber ihr Aufenthalt dort war immer von kurzer Dauer und dauerte nie länger als ein paar Stunden. Das einzige Mal, dass sie wieder dort wohnten, und dies nur für drei Tage, war anlässlich der Feierlichkeiten zum dreihundertjährigen Jubiläum der Thronbesteigung der Romanow-Dynastie in Russland. Nachdem sie die Stadt damals verlassen hatten, sollten sie nie wieder unter ihrem Dach schlafen, obwohl ihre Zimmer immer für sie bereitgehalten wurden. Manchmal machte die Kaiserin dort auf eine Tasse Tee halt, wenn sie auf einem ihrer seltenen Besuche in St. Petersburg eine karitative Einrichtung besichtigte. Aber sie mochte diese nie, obwohl sie sie mit so viel Sorgfalt eingerichtet hatte, und sie fühlte sich nie zu Hause in diesen riesigen Sälen, die man weder heimelig noch komfortabel im üblichen Sinne des Wortes gestalten konnte.

In Czarskoi Selo verlief das Leben sehr ruhig. Die Kaiserin stand früh auf, trank im Bett eine Tasse Tee, warf sich einen Morgenmantel über die Schultern und begab sich in die Zimmer ihrer Kinder. Sie war immer anwesend, wenn sie beteten, und las ihnen ein Kapitel aus der Bibel oder das Evangelium des Tages vor. Erst nach dieser Pflicht begann sie mit ihrer eigenen Toilette, die immer eine aufwendige Angelegenheit war, und das bis zum letzten Tag meines Aufenthalts bei ihr, selbst nachdem sie die meisten ihrer Schmuckstücke und feinen Kleider abgelegt und das Gewand der barmherzigen Schwester angenommen hatte, zu der sie sich angeblich entwickelt hatte. Aber sie war sehr sorgsam mit ihrer eigenen Person und verbrachte mehr Zeit mit ihrem Bad und dem An- und Ausziehen als irgendjemand sonst. Nachdem sie ihre Haare frisiert hatte und das Kleid angezogen hatte, das sie aus den drei oder vier Kleidern aussuchte, die man ihr zur Begutachtung gebracht hatte, ging sie in das kleine Zimmer, wo das Frühstück serviert wurde und wo ihre Kinder normalerweise schon auf sie warteten. Ein Diener informierte den Kaiser dann, dass seine Frau im Speisezimmer sei, und er gesellte sich fast sofort zu ihr. Die Mahlzeit begann nie ohne ihn und war einfach, aber reichlich. Normalerweise bestand sie aus Eiern, kaltem Fleisch und einer Auswahl an Kuchen und Keksen mit warmen Brötchen. Nikolaus II. war ein Feinschmecker, und obwohl er die russische Küche am meisten liebte, bestand er darauf, dass alles, was ihm serviert wurde, vom Allerbesten war. Das Mittagessen war die Mahlzeit, die er am liebsten zu sich nahm, und es bestand immer aus fünf oder sechs Gängen, beginnend mit Kaviar und anderen Köstlichkeiten und endend mit frischem Obst, egal zu welcher Jahreszeit, und sehr starkem Kaffee. Der Zar war im Gegensatz zu dem, was man über ihn sagt, in seinem Familienkreis ein sehr nüchterner Mann, und sein einziges Getränk war Krimwein aus seinen eigenen Jahrgängen, der wirklich sehr gut war. Manchmal, wenn er zum Abendessen in die Messe seines ehemaligen Husarenregiments ging, das er sehr mochte, trank er reichlich Champagner, was die Legende ins Rollen brachte, er sei ein maßloser Trinker, aber diese Gelegenheiten waren selten und führten sicherlich nie zu irgendwelchen äußeren Anzeichen seinerseits, die diese bösartige Meldung hätten belegen können. Starke Getränke kamen nie auf die kaiserliche Tafel. Nikolaus II. trank vor seinen Mahlzeiten ein kleines Glas Wodka, wie jeder Russe, aber das war alles. Was die Kaiserin betraf, so trank sie selten etwas anderes als Mineralwasser, und die Kinder wurden streng enthaltsam erzogen. Beim Abendessen, das um acht Uhr serviert wurde, gab es Madeira und Sherry, auch Rot- und Weißwein, aber dies war zum Wohle der eingeladenen Gäste. Es waren immer einige bei diesem Essen anwesend, aber dies waren die Hofdamen der Kaiserin und die persönlichen Diener des Kaisers, selten sonst jemand. Manchmal spielte eine Militärkapelle einige der Lieblingslieder der Zarin, und sie hörte aufmerksam zu, aber das geschah selten, außer sonntags. Das Abendessen war eine aufwendige Angelegenheit, die hauptsächlich aus russischen Gerichten bestand, denn Nikolaus II. mochte französische Soßen und französische Menüs nicht und pflegte zu sagen, dass er einfache und ausgezeichnete russische Kost bevorzugte. Die Fischsorte Sterlet war sein Favorit, ebenso ein Pudding, der unter dem Namen Gourieswkaya Kacha oder Haferbrei bekannt war und wirklich sehr gut war. Der Kaiserin war es völlig gleichgültig, was sie aß oder trank, und sie wäre vollkommen zufrieden gewesen, wenn sie von Haferbrei und Eiern gelebt hätte. Das Einzige, worauf sie besonders Wert legte, war ihr Tee, den sie sehr stark haben wollte, und die Sorte, die sie bevorzugte, war eine, bei der grüner Tee mit schwarzem gemischt war; sie lehnte indischen oder ceylonischen Tee völlig ab und bevorzugte stattdessen chinesischen Karawanentee.

Als die kaiserlichen Kinder heranwuchsen, gewöhnte sich ihre Mutter an, die meiste Zeit mit ihnen zu verbringen, wenn es ihr Gesundheitszustand erlaubte. Sie war immer sehr empfindlich gewesen und bekam heftige nervöse Kopfschmerzen, die sie völlig schwächten und sie manchmal zwei oder drei Tage lang ans Bett in einem dunklen Zimmer fesselten. Diese Anfälle schwächten sie schrecklich und sie brauchte Pflege und Ruhe, um sie zu überwinden. Manchmal überwältigte sie ein weiterer Anfall, bevor die Auswirkungen des ersten abgeklungen waren. Dies war der Ursprung des Gerüchts, sie sei eine unnatürliche Mutter, die ihren Töchtern tagelang nicht erlaubte, sich ihr zu nähern. Nichts dergleichen geschah jemals, aber als meine arme Herrin bettlägerig war, waren ihre Leiden so intensiv, dass manchmal das Geräusch eines Schrittes im Nebenzimmer die Qualen, die sie erduldete, noch verstärkte, und natürlich musste sie in solchen Zeiten allein gelassen werden. Aber die Welt, die ihr gegenüber immer grausam und ungerecht war, wollte, dass sie sich in ihren Gemächern einschloss, weil sie ihre Kinder nicht ertragen konnte, und sie bemitleidete sie deshalb.

Aber als sie noch bei guter Gesundheit war, widmete die Zarin jede Minute ihrer Zeit ihrer Familie. Sie übernahm die religiöse Unterweisung ihres Sohnes und ihrer Töchter und versuchte, sie in den strengen Grundsätzen zu erziehen, zu denen sie sich selbst bekannte. Sowohl der Zar als auch sie selbst hielten sich mit äußerster Pünktlichkeit an die Riten der griechisch-orthodoxen Kirche. Während der gesamten sechswöchigen Fastenzeit erschien kein Fleisch auf der kaiserlichen Tafel, und an Feiertagen sowie an Sonntagen besuchte die ganze Familie alle Morgen- und Nachmittagsgottesdienste, die in der Kapelle des Palastes abgehalten wurden. Später baute die Kaiserin in Zarskoi Selo eine Kirche, die zu einem der schönsten Heiligtümer in ganz Russland wurde, und sie besuchte sie regelmäßig und verzichtete auf die Privatkapelle ihrer eigenen Residenz. Sie hatte sich in einer Ecke des Gebäudes ein Oratorium eingerichtet, von dem aus sie, ohne selbst gesehen zu werden, den Gottesdiensten folgen konnte. Diese Exzentrizität, die daher rührte, dass die Zarin nicht gern im Mittelpunkt der Aufmerksamkeit der Gemeinde stand, wurde auch zum Anlass heftiger und ungehöriger Angriffe auf ihre Person und ihren Charakter genommen.

DIE EHEMALIGE ZARIN VON RUSSLAND UND IHRE VIER TÖCHTER

Wenn es ihr Gesundheitszustand erlaubte, unternahm Alexandra Fjodorowna mit dem Kaiser und ihren Kindern lange Spaziergänge im Park rund um das Schloss. Sie liebte die freie Natur außerordentlich und war nirgends so glücklich wie auf der Krim, wo sie ihrer Lust daran frönen konnte. Dort verbrachte sie Stunden damit, ihren Rosengarten anzulegen und diesen schönen Ort, an den sie sich eines Tages zurückziehen wollte, allgemein zu verschönern. Es ist nicht allgemein bekannt, aber eine Tatsache, dass sowohl der Kaiser als auch sie selbst den Gedanken hegten, zugunsten ihres Sohnes abzudanken, sobald dieser alt genug sein sollte, die Regierung des Landes zu übernehmen, und sich für den Rest ihres Lebens nach Liwadija zurückzuziehen. Weder Nikolaus II. noch seine Gemahlin hätten sich je träumen lassen, dass ihnen diese Abdankung durch Ereignisse aufgezwungen werden würde, deren Ausmaß niemand in ganz Russland hätte vorhersehen können.

Es kamen nur sehr wenige Besucher, um die Einsamkeit von Zarskoi Selo aufzulockern, doch in Liwadija legte die Kaiserin Wert darauf, alle Leute, die in der Nachbarschaft lebten oder in den verschiedenen Hotels an der Krimküste wohnten und ihr vorgestellt worden waren, zum Essen und zu kleinen Tänzen für ihre Töchter einzuladen. Auch die Offiziere der kaiserlichen Jacht, der *Standard* , waren zu diesen Partys eingeladen und sie waren fast die einzigen Personen, mit denen die Kaiserin jemals frei plauderte. Sie war das Meer sehr gern, und während ihrer Kreuzfahrten, die sie jeden Sommer in finnischen Gewässern unternahm, lernte sie die gesamte Besatzung des Schiffes, auf dem sie sich befand, mit Namen kennen, und es machte ihr Freude, sich mit den Offizieren und Mannschaften zu unterhalten, die sie später immer und überall willkommen hieß.

Aber im Allgemeinen war ihr die Gesellschaft egal. Ihre Hofdame war so ziemlich die einzige Frau, die zu ihrer Intimität zugelassen war, solange der Posten von Prinzessin Galitzyne besetzt war, aber nach dem Tod der letzteren und der Ernennung von Madame Narischkine wurden die Beziehungen der Kaiserin zum Oberhaupt ihres Haushalts rein formal, und die einzige wirkliche Vertraute, die sie in den letzten sechs oder sieben Jahren vor dem Krieg und der Revolution hatte, war eine Frau, die dazu bestimmt war, ihr unendlich viel Schaden zuzufügen, und die sie besser auf Abstand gehalten hätte – die allzu berühmte Madame Wyroubieva, über die ich später noch etwas zu sagen haben werde.

KAPITEL IX

Der Hof und die Begleiter der Zarin

ALS die Kaiserin heiratete, wurde ihr Haushalt in aller Eile zusammengestellt, was sehr schade war, da er nicht nur aus den intellektuell besten Leuten bestand. Die Kaiserinwitwe war so von ihrem Kummer eingenommen, dass sie dem Thema nicht die Aufmerksamkeit widmen konnte, die sie sonst getan hätte. Der Kaiser hingegen wusste sehr wenig über die Gesellschaft von St. Petersburg und insbesondere über den Klatsch. Als ihm der Name der Prinzessin Galitzyne als die beste Dame für die schwierige Position der Hofdame und wichtigsten Beraterin seiner jungen Frau genannt wurde, akzeptierte er dies als selbstverständlich, da er nur an den großen Namen und die herausragende Position der Prinzessin dachte.

Sie war eine Frau mit einer Vergangenheit, in der die meisten Aspekte der *Jeunesse dorée* von St. Petersburg eine Rolle gespielt hatten. Sie war als junges Mädchen mit einem Mann verheiratet gewesen, der viel älter war als sie selbst, und hatte sehr schnell eine Anzahl von Menschen gefunden, die bereit waren, sie über den großen Altersunterschied hinweg zu trösten, der zwischen ihr und ihrem Gatten bestand. Er war ihr ein nachsichtiger Ehemann gewesen und hatte sie aufgrund seines hohen Ansehens, seines Reichtums und anderer weltlicher Vorteile ständig vor den bösen Auswirkungen des Klatsches geschützt, der sich allzu oft mit ihrem Namen beschäftigte. Als sie Witwe geworden war, hatte sie aufrichtig um ihn getrauert, aber einen größeren Kummer vorgetäuscht, als sie wirklich empfunden hatte. Es stellte sich heraus, dass er seine Geschäftsangelegenheiten in einem verworrenen Zustand hinterlassen hatte, und die Prinzessin hatte sich auf ihre Landgüter zurückgezogen, um zu versuchen, eine Art Ordnung in deren Verwaltung zu bringen. Sie hatte eine einzige Tochter, die bereits verheiratet war und die Gegenstand ihrer größten Fürsorge und Zuneigung wurde. Als der Posten des Chefberaters der jungen Braut von Nikolaus II. an sie überging, wurde sie von ihrem Ehemann entbunden. Als ihr von einem ihrer früheren Verehrer, Baron Fredericks, der damals bereits Minister des kaiserlichen Haushalts war, ein Angebot gemacht wurde, ergriff sie die Chance bereitwillig, da sie darin eine Möglichkeit sah, ihre ruinierten Finanzen schneller wiederherzustellen als durch strikte Sparmaßnahmen.

Sie war eine hochmütige, selbstsüchtige und egozentrische Frau, die sich dank der beiläufigen Art, mit der sie alle behandelte, mit denen sie in Kontakt kam, bald zahlreiche Feinde machte. Sie bemühte sich nie, ihrer jungen Herrin die schwierige Lektion beizubringen, sich beliebt zu machen, sondern versuchte im Gegenteil, in ihr dieselben Vorurteile gegenüber den Menschen zu wecken, die sie nicht mochte, die sie selbst empfing. Sie war so ziemlich die schlechteste Beraterin, die eine frisch verheiratete Herrscherin haben konnte, und man kann sich nur fragen, warum diese Tatsache nicht früher erkannt wurde, denn letztendlich stellte sich die Frage, wer unbeliebter war, die Kaiserin oder ihre Hofdame.

Prinzessin Galitzyne erlangte dennoch bald Macht am Hof. Sie schaffte es, große Geldsummen zu erhalten, die ihr die Finanzminister, die die Nachfolge des Grafen Witte antraten, nur zu gern als Gegenleistung für ihren Schutz gewährten. Sie war gierig und habgierig, grausam und kaltherzig und hatte keinerlei Skrupel. Im Palast war sie von Herzen unbeliebt, doch niemand wagte, ein Wort gegen sie zu sagen, denn es war allgemein bekannt, dass sie mit der Zeit zu einer schrecklichen Feindin derjenigen werden konnte, über die sie sich zu beschweren glaubte.

Die Prinzessin starb ein oder zwei Jahre vor dem großen Krieg, und ihr Platz blieb einige Zeit leer, bis er schließlich Madame Narischkine angeboten wurde, einer engen Freundin der Kaiserinwitwe und einer der angesehensten Damen der St. Petersburger Gesellschaft.

Madame Narischkine war eine ganz andere Frau als ihre Vorgängerin. Sie war freundlich, höflich, liebenswürdig und sehr prinzipientreu sowie gewissenhaft. Sie hätte nie einer Fliege etwas zuleide getan und war stets darum bemüht, den Lebensweg aller Menschen zu ebnen, für die sie sich interessierte.

Leider sympathisierte sie nicht mit Kaiserin Alexandra, und diese konnte sich nie dazu durchringen, sie mit der gleichen Vertraulichkeit zu behandeln wie Prinzessin Galitzyne. Dann hatte Madame Narischkine Einwände gegen Rasputin, und das genügte natürlich, um sie davon abzuhalten, eine persona grata zu sein. Auch Großherzogin Elisabeth mochte sie nicht; vielleicht, weil sie das Gefühl hatte, dass die neue Hofdame sie nie ganz guthieß. Madame Narischkine war eine sehr diskrete Frau, aber gleichzeitig konnte sie Personen, die sie für nicht geeignet hielt, mit ihr auf vertrautem Fuß zu stehen, sehr gut mitteilen, was sie von ihnen hielt. Die Kaiserin mochte sie nie, was sehr schade war, und behandelte sie manchmal sehr grob und mit einem erstaunlichen Mangel an Rücksicht. Aber trotz dieser Schwierigkeiten, die ihr Weg bescherte, benahm sich Madame Narischkine großartig, als die Stunde der Gefahr ertönte. Als die Revolution ausbrach, begab sie sich sofort nach Zarskoi Selo und verließ die Kaiserin während jener Tage voller Kummer und Angst nicht, in denen diese in ihrem eigenen Palast gefangen genommen wurde. Trotz ihres fortgeschrittenen Alters (sie ist über siebzig) bot sie an, ihre Herrin ins Exil zu begleiten, doch die provisorische Regierung lehnte die Bitte ab, und Madame Narischkine musste sich notgedrungen fügen. Sie war jedoch die letzte, die sich von der Kaiserin und den jungen Großherzoginnen verabschiedete, bevor sie den Zug bestiegen, der sie in die Einsamkeit Sibiriens bringen sollte. Es ist wahrscheinlich, dass viele der von der Zarin begangenen Fehler vermieden worden wären, wenn Madame Narischkine von Anfang an bei der Zarin gewesen wäre. So folgte sie dem Rat der Prinzessin Galitzyne, und das war nie ein weiser Rat, denn die Prinzessin, die eine geborene Schmeichlerin war, achtete sehr darauf, Alexandra Feodorowna nie etwas zu sagen, von dem sie wusste oder befürchtete, dass es ihr missfallen könnte. Unter ihrer Führung hatte die unglückliche Kaiserin keine Chance, die Zuneigung ihrer Untertanen zu gewinnen. Außer der Prinzessin waren der jungen Zarin noch vier Hofdamen anvertraut. Die erste war die Gräfin Lamsdorff, mit der die Herrscherin nicht auskam und die sie heftig verabscheute. Dann kam die Prinzessin Bariatinsky, die ebenfalls mit einigem „Tumult" ihre Ämter niederlegte und kein Geheimnis daraus machte, dass sie die Rücksichtslosigkeit, mit der sie behandelt wurde, nicht ertragen konnte. Eine kaukasische Dame, die Prinzessin Orbeliani, nahm ihren Platz ein und konnte ihre schwierige Position bis zu ihrem Tod behaupten. Dann war da noch eine Prinzessin Obolensky, die viele Unannehmlichkeiten zu ertragen hatte, aber alles mit wunderbarer Geduld ertrug, was, wie es hieß, ihrer Zuneigung zu den jungen Großherzoginnen, den Töchtern von Nikolaus II., zu verdanken war. Sie ist noch immer bei der kaiserlichen Familie und hat sie nach Tobolsk begleitet, trotz des Widerstands ihrer Familie, die es gern gesehen hätte, wenn sie die Kaiserin verlassen hätte. Es gab noch eine andere Person im Haushalt, die dort eine ziemlich privilegierte Stellung innehatte: Mademoiselle Schneider, deren Aufgabe darin bestand, der Zarin vorzulesen, und die die einzige Dienerin war, die sie aus Darmstadt mitgebracht hatte. Mademoiselle Schneider konnte die Gemächer ihrer Herrin betreten, wann immer sie wollte. Sie war das Medium, durch das Alexandra Feodorowna mit ihren Verwandten in Deutschland kommunizierte, denen sie sich immer scheute, mit der Post zu schreiben, und sie war auch die einzige Person, mit der die Kaiserin Deutsch sprach. Wir alle mochten sie, weil sie eine ruhige, bescheidene Person war; aber ich werde es nicht auf mich nehmen, zu sagen, ob sie der deutschen Regierung Informationen gab, die man besser zurückgehalten hätte. Dann gab es noch eine Privatsekretärin, deren Aufgabe es war, die Korrespondenz der Kaiserin zu erledigen, und die ihr jeden Morgen Bericht erstattete. Diese Stelle wurde zuerst von Graf Lamsdorff, dann von Graf Rostavtsoff besetzt, und keiner dieser Herren war der Aufgabe ganz gewachsen. Sie wussten nicht, wie sie die Zarin für ihre Arbeit begeistern konnten, die sie methodisch und ohne jede Initiative erledigten. Zu ihren Pflichten gehörte die Verwaltung von Alexandras Privatvermögen und die Kontrolle ihrer Wohltätigkeitsorganisationen, bis sie diese während des Japanischen Krieges selbst übernahm. Zu den Privilegien des

Privatsekretärs gehörte es, die Rechnungen der Kaiserin zu bezahlen oder zumindest den Betrag an die Kammerzofe, das heißt an mich, auszuzahlen. Graf Lamsdorff bezahlte alles, was ich verlangte, ohne die geringsten Einwände, aber sein Nachfolger verlangte Erklärungen und machte seine Kommentare, was manchmal äußerst lästig war. Die Privatkonten der Zarin wurden am 22. Tag jedes Monats beglichen, wobei die Ausgaben der dreißig vorangegangenen Tage ausgeglichen und angepasst werden mussten. Sie war diesbezüglich sehr genau und hasste es, bei jemandem Schulden zu haben. Gleichzeitig ignorierte sie jedoch völlig die Bedeutung des Wortes Sparsamkeit, kaufte und bestellte, was immer sie wollte, ohne darüber nachzudenken, wie sie ihre Ausgaben decken sollte, und mehr als einmal musste ich mich, ohne dass sie es wusste, an den Zaren wenden und ihn bitten, Anweisungen zur Begleichung der Rechnungen seiner Frau zu erteilen, ohne dass sie sich darüber Gedanken machte.

Jedes Frühjahr und jeden Herbst wurden der Kaiserin die kommenden Moden präsentiert, damit sie ihre Wahl treffen konnte. Sie hatte normalerweise etwa fünfzig Kleider für jede Saison, wie ich bereits Gelegenheit hatte zu erklären, aber wenn ein unerwartetes Ereignis eintrat, bestellte sie spezielle Kleider, um es zu erfüllen. Ihre Hüte wurden normalerweise von Bertrand, einer französischen Firma in St. Petersburg, hergestellt; sie bestellte etwa fünfundzwanzig oder dreißig für die Sommersaison und mehrere Pelzmützen für den Winter. Sie mochte weiße Hüte, die sie oft trug, und blieb lange Zeit den kleinen Hauben treu, die Königin Alexandra von England in ihrer Jugend trug. Später bevorzugte sie große Hüte, die normalerweise reichlich mit Straußenfedern besetzt waren. In Bezug auf diese Federn war die Kaiserin äußerst pingelig. Das Klima in St. Petersburg ist so feucht, dass es fast unmöglich ist, die Federn im Sommer gelockt zu halten, insbesondere in Peterhof an der Ostseeküste, wo der Hof normalerweise Juli und August verbrachte. Wir mussten uns daher täglich um die Verzierungen der Hüte der Kaiserin kümmern, und täglich fuhren Boten nach St. Petersburg, um Madame Bertrand die verschiedenen Hutwaren sowie die Federboas von Alexandra Fjodorowna zu bringen, damit diese sie auffrischen und neu ordnen konnten.

Normalerweise gab die Zarin etwa zehntausend Rubel im Monat für ihre Toilette aus, manchmal sogar noch mehr. Sie war verschwenderisch, daran besteht kein Zweifel, aber sie war die Kaiserin von Russland und betrachtete es als einen ihrer Pflichten, prächtig gekleidet zu erscheinen. Auch der Kaiser sah sie gern gut gekleidet, besonders reich gekleidet. Letzteres war einfach, Ersteres jedoch schwieriger, da meine kaiserliche Mätresse besondere Vorstellungen von ihrer Kleidung hatte.

Als ihr Haushalt organisiert war, wurden ihr acht Dienstmädchen zugeteilt, von denen immer zwei tagsüber Dienst hatten und zwei nachts, wenn sie in einem Zimmer in der Nähe des kaiserlichen Schlafzimmers sitzen mussten, um im Notfall gerufen zu werden. Normalerweise hätten sie die Zarin morgens und abends frisieren müssen, aber diese hasste es, wenn verschiedene Hände diese Aufgabe übernahmen, also ließ sie jeden Tag einen Friseur kommen, um ihre Frisur zu frisieren, die nie sehr aufwendig war, außer bei offiziellen Anlässen, wenn ein Diadem in ihr Haar gesteckt werden musste. Ich war immer anwesend, wenn sie sich an- und auszog. Es gehörte zu meinen Aufgaben, dafür zu sorgen, dass alles, was mit ihrer Toilette zu tun hatte, in Ordnung war und dass nichts fehlte, was sie brauchte. Sie trug nie zweimal dasselbe Paar Handschuhe, sondern mochte alte Schuhe und Pantoffeln. Ihre Strümpfe waren aus feinster Seide und wurden von der Firma Swears and Wells in London speziell für sie hergestellt.

Dieses System mit acht Dienstmädchen wurde etwa zehn Jahre lang beibehalten, dann starb eine von ihnen, und eine andere bat darum, von ihren Pflichten entbunden zu werden, und sie wurden nie ersetzt. Die Zarin dachte, dass es völlig ausreichend sei, sechs Dienerinnen zu haben, und schaffte die nächtliche Bedienung ab, die den daran beteiligten Personen immer so lästig gewesen war. Sie entließ ihre Dienstmädchen um elf Uhr und zog sich dann in ihr Schlafzimmer zurück, wo sie allein las oder arbeitete, aber sie benötigte keine weitere Bedienung, außer wenn sie sich krank fühlte oder eines ihrer Kinder unpässlich war. Sie war anspruchsvoll, aber niemals ungerecht oder grausam, und sie hasste es, anderen Leuten Unannehmlichkeiten zu bereiten. Anfangs hatte sie es nie gewagt, die Gepflogenheiten des russischen Hofes zu ändern, doch später setzte sie sich durch und nahm zahlreiche Änderungen an der Inneneinrichtung des Palastes vor, die allesamt praktischer Natur waren und zur Verbesserung der Lage ihrer zahlreichen Bediensteten beitrugen. Allerdings zeigten sich diese ihr gegenüber für ihre Sorge um ihr Wohlergehen nicht dankbar und verließen sie in der Stunde ihres Unglücks meist oder wandten sich eifrig gegen sie.

KAPITEL X

DIE ZARIN UND DIE GESELLSCHAFT VON ST. PETERSBURG

ZUR Zeit ihrer Heirat war die Gesellschaft in St. Petersburg meiner unglücklichen Herrin wohlgesonnen, und es wäre für sie ein Leichtes gewesen, sich beliebt zu machen. Leider hatte sie, wie ich bereits sagte, eine sarkastische Zunge und machte aus ihren Vorlieben und Abneigungen kein Geheimnis; auch zögerte sie nicht, gewisse Bräuche lächerlich zu machen, an denen alte und bedeutende Witwen hartnäckig festhielten. Sie fürchtete immer, als zu vertraulich zu gelten, da ihr die kaiserliche Familie vom ersten Tag ihrer Ankunft in Russland an eingetrichtert hatte, dass St. Petersburg nicht Darmstadt sei und dass die ungezwungenen Umgangsformen einer kleinen deutschen Stadt am Hof des mächtigen Zaren von ganz Russland fehl am Platz seien. Sie war daher ins andere Extrem verfallen und disziplinierte sich, so steif wie möglich zu sein. Kaiserin Marie hatte die Angewohnheit, die Damen, die um eine Audienz bei ihr baten, in ihrem eigenen privaten Boudoir zu empfangen und sie zu bitten, neben ihr zu sitzen. Ihre Schwiegertochter legte Wert darauf, ihre Zuhörerschaft im Stehen zu empfangen und sich ein paar Minuten lang zu unterhalten, ohne den alten Frauen, die um die Ehre einer Vorstellung bei ihr gebeten hatten, auch nur einen Stuhl anzubieten. Sie streckte ihnen kalt die Hand zum Kuss entgegen, was sie noch mehr erzürnte, und ihre natürliche Schüchternheit, die zu diesem steifen Empfang hinzukam, brachte ihr natürlich viele Feinde ein. Sie wurde kritisiert, und das nicht in freundlichem Geist. Unglücklicherweise wurde sie sich dessen bewusst, und es brachte sie von Anfang an gegen die Leute auf, die sie zu ihren Freunden hätte machen sollen. Dann tat der Klatsch, und der war meist noch dazu bösartig, sein Werk, und es wurden alle möglichen Anekdoten über den Mangel an Freundlichkeit der jungen Kaiserin in Umlauf gebracht. Sie wurde beschuldigt, sarkastisch zu sein und sich über alte Leute lustig zu machen, die ihr Alter und ihre vergangenen Dienste vor dem Spott hätten bewahren sollen, mit dem sie sie eigentlich überschütten sollte. Dann wiederum hatte die Zarin die Unklugheit, öffentlich ihren Ekel über das auszudrücken, was sie die lockeren Manieren der St. Petersburger Gesellschaft nannte. Sie versuchte, sich mit allen Klatschgeschichten vertraut zu machen, die in der Stadt kursierten, und erklärte, sie wolle die Moral ihres Reiches reformieren. Dazu strich sie von der Einladungsliste für einen Hofball die Namen aller Frauen, von denen man zu Recht oder zu Unrecht annahm, sie hätten irgendeine Art von Flirt gehabt. Das Ergebnis war, dass sich bei diesem Ball kaum eine Dame zeigte, mit Ausnahme von Müttern, die Mädchen zur Welt bringen wollten, und ganz St. Petersburg erhob sich gegen die Kaiserin. Man beschloss, sie zu boykottieren, was auch geschah, und die Kaiserinmutter wurde gebeten, einzugreifen und ihrer Schwiegertochter zu erklären, dass es nicht ihre Aufgabe sei, die Namen von Damen, um die es nie einen offenen Skandal gegeben habe, mit irgendeiner Art von Stigma zu brandmarken. Der Vorfall nahm solche Ausmaße an, dass der Zar gebeten wurde, einzugreifen, und er beschloss, dass die Einladungsliste für Hoffeste in Zukunft seiner Mutter und nicht seiner Frau vorgelegt werden sollte, die in Russland noch zu sehr unbekannt war, um zu wissen, wer in den Winterpalast eingeladen werden sollte und wer nicht.

Wie man sich vorstellen kann, trug der kleine Vorfall, den ich gerade erzählt habe, nicht dazu bei, die Beziehungen zwischen der jungen Zarin und der Zarinwitwe zu verbessern, und die Popularität der ersteren litt erheblich darunter. Am Neujahrstag, der auf diesen denkwürdigen Sturm im Wasserglas folgte, beschlossen die Damen von St. Petersburg, nicht bei dem großen Empfang zu erscheinen, der auf den Gottesdienst im Winterpalast folgte und bei dem die Hofgesellschaft den Herrschern ihre Neujahrswünsche überbrachte. So waren etwa vier von ihnen, die aufgrund der offiziellen Stellung ihrer Ehemänner nicht fernbleiben konnten, die einzigen, die der Veranstaltung beiwohnten. Diese Massenabwesenheit *konnte* nicht übersehen werden, und natürlich war die Zarin beleidigt. Aber sie konnte nicht anders als passiv reagieren, was sie tat, indem sie es in Zukunft vermied, sich in der Öffentlichkeit zu zeigen, und indem sie ihre Audienzen und sogar den Ball einstellte, der als unverzichtbarer Bestandteil jeder Wintersaison in der russischen Hauptstadt galt. Diese Art, ihr Missfallen kundzutun, verstärkte, wie zu erwarten war, nur die Bitterkeit der Gefühle, die sie hervorgerufen hatte, und bald verließen die vornehmen Damen St. Petersburg und zogen an die Riviera oder nach Paris, wo sie sich glücklicher und wohler fühlten als in ihrem eigenen Land. Eins nach dem anderen schlossen die großen Häuser, die in der Pracht ihrer Unterhaltungen mit dem Hof selbst wetteiferten, ihre Türen, und das „Palmyra des Nordens", wie die Hauptstadt der Zaren genannt wurde, wurde zu einer der langweiligsten Städte der ganzen Welt.

Es gab Leute, die meiner Herrin Vorwürfe wegen ihrer Zurückgezogenheit machten. Man sagte ihr, es sei relativ leicht für sie, einen Teil ihrer verlorenen Popularität wiederzuerlangen, wenn sie nur zuließe, dass die Leute in ihrer Gegenwart äßen, tranken und fröhlich waren. Auch Alexander III. hatte die Gesellschaft gehasst und seine geliebte Gatschina allen seinen anderen Residenzen vorgezogen, aber er hatte die gesellschaftlichen Pflichten erfüllt, die man von ihm erwartete, und während seiner Herrschaft hatte es in ganz Europa keinen glänzenderen Hof gegeben als den russischen. Seiner Schwiegertochter wurde geraten, in dieser Hinsicht seinem Beispiel zu folgen. Aber sie wollte es nicht tun.

Ich erinnere mich, dass ich eines Tages, als wir darüber diskutierten, welche neuen Kleider sie für den kommenden Winter haben wollte, bemerkte, dass sie mehr Abendkleider bestellen sollte, als sie es getan hatte. Die Kaiserin unterbrach mich mit der Bemerkung, dass sie keine weiteren haben wolle, weil sie sie nicht brauche. Ich bemerkte dann, dass es für die vielen jungen Mädchen, die zum ersten Mal in der Gesellschaft auftauchen, eine große Enttäuschung wäre, wenn keine Hofbälle gegeben würden. Alexandra Feodorowna wurde ganz wütend, stand ungeduldig auf und rief: „Ich kann nicht verstehen, warum von mir erwartet wird, all die albernen Kinder zu unterhalten, die ihre Eltern mitbringen.“

Internationaler Filmdienst

GELÄNDE DES KAISERPALASTES IN ZARSKOJE SELO

Glücklicherweise war niemand zugegen, als sie diesem Wutanfall nachgab, aber man kann sich vorstellen, wie ihre zahlreichen Feinde darauf reagiert hätten, wenn sie es zufällig mitbekommen hätten. Dieser Zustand der Feindseligkeit (denn anders kann man ihn kaum nennen), der zwischen Alexandra Feodorowna und der vornehmen Gesellschaft ihrer Hauptstadt herrschte, erstreckte sich nicht auf andere Orte. Auf der Krim hatte sie gern

Leute um sich, wie ich bereits erzählt habe, und sie veranstaltete sogar Tänze für ihre Töchter. Aber obwohl Großfürstin Olga im Winter vor Ausbruch des großen Krieges ihr achtzehntes Lebensjahr erreicht hatte, versuchte ihre Mutter nicht, jemanden in den Palast von Zarskoi Selo einzuladen, um sich zu amüsieren. Die Kaiserinwitwe musste in ihrem eigenen Anitschkoff-Palast einige Unterhaltungen zum Wohle ihrer Enkelin organisieren, aber jedes Mal, wenn sie dazu eingeladen wurden, brach die Trauer ihrer Mutter aus, was ihnen die Freude völlig verdarb. Die Zarin fürchtete sich krankhaft vor den scharfen Zungen der Damen der Hauptstadt und erwartete immer, dass ihre Töchter derselben Art von Kritik ausgesetzt würden, die sie selbst so freizügig geübt hatte. Davor wollte sie sie bewahren. Doch diese Annahme war falsch, denn jeder bewunderte und mochte die anmutigen Mädchen, die immer ein freundliches Wort für jeden übrig hatten, den sie trafen, und die so glücklich und erfreut schienen, wenn sie Gelegenheit hatten, sich zu vergnügen, wie alle anderen Mädchen ihres Alters.

Die einzige Person, die einst in begrenztem Maße das Vertrauen der Zarin genoss, Großfürstin Anastasia, die Frau des Großfürsten Nikolaus, versuchte vergeblich, sie dazu zu bringen, die Menschen mit mehr Nachsicht und nicht so krankhaft zu betrachten. Meine Herrin wollte keine Vernunft hören und erklärte schließlich, es sei sinnlos, Kaiserin von Russland zu sein, wenn man nicht tun könne, was man wolle, und dass sie sich nur nach dem Privileg sehnte, in Ruhe gelassen zu werden und ihre Vorliebe für Einsamkeit ungehindert genießen zu können.

In dieser Hinsicht war die Kaiserin sicherlich nicht ganz normal und litt zeitweise zweifellos an dem, was man Verfolgungswahn nennt. Im Ausland hat man diesen abnormalen Zustand ihrer Angst vor der Revolution zugeschrieben, deren Gespenst sie angeblich ständig verfolgte. Dies war jedoch keineswegs der Fall, denn lange bevor irgendjemand auch nur ahnte, dass eine Revolution ausbrechen könnte, war meine Herrin bereits von jener seltsamen Angst vor Fremden befallen. Tatsächlich war sie krankhaft geworden, dank der latenten Abneigung, von der sie nur zu gut wusste, dass man sie ihr gegenüber empfand, und die sie so beunruhigte, dass sie sich vor der Welt im Allgemeinen ekelte und zu dem Schluss gekommen war, dass es sich nicht lohnte, zu versuchen, sie zu versöhnen, sondern dass es das Beste war, nicht zu viel von ihr zu sehen.

Man hat ausführlich über ihre Vorliebe für Okkultismus und Spiritismus gesprochen und gesagt, dass sie Trost für eingebildete Leiden in der Praxis des Tischdrehens und anderem Unsinn dieser Art suchte. Leider stimmte dies bis zu einem gewissen Grad, denn es ist eine traurige Tatsache, dass die Kaiserin es liebte, stundenlang an Tischen zu sitzen in der Hoffnung, dass diese anfangen würden, sich zu drehen, und sie glaubte fest daran, dass Menschen aus der anderen Welt zurückkehren und sich ihren Freunden offenbaren könnten. Was jedoch nicht so allgemein bekannt ist, ist, dass es der Großfürst Nikolaus war, der zukünftige Generalissimus der russischen Armeen, der sie zuerst dazu brachte. Er war es, der einen Mann namens Philippe in den Palast von Zarskoi Selo brachte, der behauptete, ein mächtiges Medium zu sein, und der der Zarin sicherlich großes Vertrauen einflößte. Ein oder zwei Jahre lang blieb er in der Gunst, dann wurde er ganz plötzlich entlassen, weil er durch Zufall entdeckt worden war, aber so gründlich, dass nicht einmal Alexandra Feodorovna ihn verteidigen konnte.

Manche Leute haben gesagt, dass Großherzog Nikolaus diese gefährliche Person nicht ohne böse Absicht nach Zarskoi Selo gebracht hat. Es wurde berichtet, dass er einen Skandal herbeiführen wollte, indem die Kaiserin, wenn nicht für völlig verrückt, so doch zumindest für schwermütig erklärt und unter Zwang gestellt werden sollte. Sie wurde bereits damals deutscher Neigungen und Sympathien verdächtigt und man nahm an, dass sie ihren Mann zugunsten Deutschlands und eines deutschen Bündnisses beeinflussen würde. Großherzog Nikolaus war ein starker Befürworter einer engen Verbindung mit Frankreich, und natürlich war er der Ansicht, dass meine arme Herrin ein Hindernis für seine Pläne darstellte, daher wäre er erfreut gewesen, wenn sich Umstände ergeben hätten, die sie davon abgehalten hätten. Sicherlich war er das Mittel, durch das die Kaiserin ihre seltsame Vorliebe für alles, was mit Okkultismus zu tun hatte, entwickelte, und er war auch der erste, der die Öffentlichkeit und die kaiserliche Familie auf diese Besonderheit aufmerksam machte und auf die Gefahren hinwies, die sie darstellte. Tatsächlich war die Zarin das einzige Hindernis, auf das die Großfürsten und ihre Partei bei der Verwirklichung ihrer Pläne stießen, den schwachsinnigen Nikolaus II. unter ihren Schutz zu nehmen und in ihrer Macht zu behalten. Wie man nur zu gut wusste, vertrat dieser immer die Meinung der Person, die zuletzt mit ihm gesprochen hatte, und war unfähig, aus eigenem Antrieb eine Entscheidung zu treffen. Die Kaiserin hatte dank der Tatsache, dass sie immer bei ihm war, die beste Chance, sich Gehör zu verschaffen und sich Gehör zu verschaffen. Daher stellte sie eine gewaltige Gefahr für die Ambitionen jener hochmütigen Romanows dar, die diesen schwachen Neffen, der so wenig Initiative zu zeigen hatte, wenn nicht entthronen, so doch zumindest in ihren eigenen Händen behalten wollten.

In den letzten zwei oder drei Jahren vor dem Krieg hatten diese verschiedenen Intrigen einen ziemlich gefährlichen Charakter angenommen, und als sich der Rasputin-Zwischenfall ereignete, nahmen sie nur noch an Intensität zu. Die Kaiserin wurde zum einzigen großen Feind, dessen Vernichtung viele mit umso größerer Energie anstrebten, als sie begann, das zu tun, was sie zuvor sorgfältig vermieden hatte – sich für Politik zu interessieren und sie sorgfältig zu studieren, um ihrem Mann angesichts der wachsenden Schwierigkeiten der internationalen politischen Lage im

Allgemeinen Rat geben zu können. Der Großfürst Nikolaus, der die Fraktion anführte, die die Absetzung Alexandra Fjodorownas zum Ziel hatte, scheute keine Mittel, um ihren Einfluss zu zerstören und ihren Ruf als Herrscherin und als Frau zu ruinieren. Wie wir gesehen haben, gelang ihm dies teilweise, aber gleichzeitig trug er zum Untergang seiner eigenen Dynastie und zum Ruin seines Landes bei. Es ist eine traurige, aber sichere Tatsache, dass die russische Zarenfamilie die Bedeutung des Wortes „Solidarität" nie verstanden hat, und vielleicht ist es diesem Defekt zu verdanken, dass das Oberhaupt des Hauses Romanow ins Exil geschickt und seine Nachkommen des Throns beraubt wurden, den Peter der Große und Katharina II. so ruhmreich innegehabt hatten.

KAPITEL XI

DIE ZARIN UND IHRE SCHWIEGERMUTTER

ICH habe gehört, dass viele verschiedene Geschichten über die Beziehungen meiner Herrin zur Kaiserinwitwe im Umlauf sind. Es ist sinnlos, so zu tun, als seien sie angenehm gewesen, aber andererseits ließ keine der beiden Damen offen ihre Feindseligkeit erkennen, was auch immer sie im Innersten ihres Herzens gedacht haben mögen. In den ersten Monaten nach der Hochzeit des Zaren lief alles reibungslos, denn es war unmöglich, jemandem mehr Ehrerbietung zu erweisen, als Alexandra Feodorowna ihrer Schwiegermutter gegenüber zeigte. Letztere war jedoch noch zu jung, um sich darüber zu ärgern, plötzlich die zweite Geige spielen zu müssen, und sie vermisste die Macht, die sie über Alexander III. ausgeübt hatte, der sie bei allem, was er tat, zu Rate zog. Sie hatte enormen Einfluss auf ihn und, um die Wahrheit zu sagen, auf den gesamten Verlauf der russischen Angelegenheiten, aber sie hatte ihn mit so viel Takt und so heimlich ausgeübt, dass niemand etwas davon vermutet hatte; im Gegenteil, die Kaiserin wurde als frivole Frau beschrieben, die sich nur um Kleidung, Tänze und Feste kümmerte. In Bezug auf die Gemahlin von Nikolaus II. lagen die Dinge ganz anders. Sie kam mit dem Ruf einer klugen Frau mit starken Meinungen nach Russland und fand natürlich eine Öffentlichkeit vor, die bereit war, diese entweder zu akzeptieren oder aber Widerstand gegen sie zu erregen. Deutsche Prinzessinnen waren nicht beliebt, und man hatte gehofft, dass der Thronfolger es vermeiden würde, eine Frau am deutschen Hof zu wählen. Die Kaiserinwitwe war gebürtige Dänin, eine Tatsache, die ganz sicher zu der großen Popularität beigetragen hatte, die sie sofort erlangte. Hinter ihr stand eine mächtige Partei, die bereit war, sie gegen ihre Schwiegertochter zu unterstützen, und leider wurde letztere davon in Kenntnis gesetzt, was zur Folge hatte, dass sie sich jedem Rat widersetzte, den sie von Seiten erhielt, von denen sie vermutete, dass sie gegen sie intrigierten. Wie ich bereits sagte, wenn der Kaiser und seine junge Braut von Anfang an in der Lage gewesen wären, einen eigenen Haushalt zu gründen, wäre es vielleicht nicht so schlimm ausgegangen, und ich habe mich oft gefragt, warum dies nicht getan wurde. Da der riesige Winterpalast leer stand oder fast leer war, wäre es nicht schwierig gewesen, einige Gemächer für das frisch vermählte Paar zu organisieren, bis die endgültigen Räumlichkeiten für sie fertig waren. Da wären die Räume, die von der Kaiserin Marie Alexandrowna bewohnt worden waren, die mit geringem Aufwand in wenigen Tagen bewohnbar gemacht werden konnten. Sie hätten zumindest eine angemessene Unterkunft für einen Herrscher abgegeben, während die beiden kleinen Kabinette (denn anders kann man sie kaum nennen), die Nikolaus II. und seiner Frau im Erdgeschoss des Anitschkoff-Palastes zugewiesen waren, so unpassend, so hässlich und so unbequem waren, dass es kein Wunder ist, dass sich letztere die ganze Zeit, in der sie gezwungen war, sie zu bewohnen, deprimiert fühlte. Dann, wie ich bereits sagte, tratschten die Diener und erzählten der Kaiserinwitwe alles, was ihre Schwiegertochter tat, eine Tatsache, von der letztere durch Bemerkungen der älteren Dame erfuhr, und das Ergebnis war äußerst verheerend. Die Ankunft der Kinder, die Alexandra Feodorowna dazu zwangen, ein Kinderzimmer einzurichten, das sie nach dem Vorbild der Kindergärten in England zu gestalten versuchte, verbesserte die ohnehin angespannten Verhältnisse nicht, denn mit der Geburt einer Tochter nach der anderen kam Marie Feodorowna zu der Überzeugung, dass ihre Schwiegertochter niemals einen Thronfolger hervorbringen würde, und sah zu ihrem zweiten Sohn Michael als dem zukünftigen Kaiser auf. Das war für meine Herrin Galle und Wermut, die dies oft beklagte, und wenn sie mich ins Vertrauen zog, beklagte sie sich über die Rücksichtslosigkeit, mit der ihre Schwiegermutter ihr das Gefühl gab, sie sei ein Niemand und habe die von ihr erwartete Pflicht, nämlich zukünftige Kaiser für Russland zu schaffen, nicht erfüllt. Auch andere Gründe trugen zu diesem Zustand latenter Verärgerung bei, der sich im Schoß der kaiserlichen Familie festgesetzt hatte. Da war die Frage der Kronjuwelen, die Frage der Reihenfolge, in der die Namen der beiden Kaiserinnen in die Liturgie der Kirche aufgenommen werden sollten, und viele andere, kleine und große. Die Herzoginwitwe war viel zu taktvoll, um sich über die häuslichen Verhältnisse ihres Sohnes zu beschweren, aber sie schaffte es, die Leute ihre Gefühle diesbezüglich erahnen zu lassen und verbrachte immer mehr Zeit in Dänemark, was letzten Endes vielleicht das Beste war, was sie tun konnte.

GROßHERZOG MICHAEL

Der Japanische Krieg brachte sie jedoch zurück nach Russland und während seines Verlaufs ereignete sich das größte Ereignis in Alexandra Fjodorownas Leben – die Geburt ihres einzigen Sohnes.

Groß war die Freude, als dieser kleine Junge in einer Welt auftauchte, die ihm, wie wir alle wissen, nicht allzu freundlich gesinnt war. Seine Ankunft störte jedoch die Gelassenheit einiger Leute, während sie die Hoffnungen anderer weckte. Zum einen verlor Großherzog Michael, der einzige Bruder des Zaren, all die Bedeutung, die ihm in den Augen der Öffentlichkeit als künftiger Erbe des russischen Throns zugestanden hatte. Es nahm auch seiner Mutter etwas von ihrer Macht, die ihn beträchtlich beherrschen sollte, und natürlich waren die Gefühle der letzteren in dieser Angelegenheit sehr gemischt, denn obwohl sie sich einerseits darüber freuen konnte, die Nachfolge in direkter Linie gesichert zu sehen, hatte sie sich andererseits, wie viele andere auch, an den Gedanken gewöhnt, dass ihr ältester Sohn niemals Vater eines Jungen werden würde, und es dauerte eine gewisse Zeit, bis sie sich an die Veränderungen gewöhnen konnte, die die Geburt des kleinen Alexis mit sich gebracht hatte.

Darüber hinaus begann die junge Kaiserin, die sich ihrer Stellung endlich sicher fühlte, sich stärker durchzusetzen als je zuvor und versuchte, Anhänger für sich zu gewinnen. Leider suchte sie diese unter Leuten, die sich später als ihre schlimmsten Feinde herausstellten, und die Freiheit, die sie sich erarbeitet zu haben glaubte, um ihr Leben ohne Rücksicht auf die Fesseln der Etikette oder anderer Rücksichten zu leben, verwandelte die Abneigung, die sie bis dahin hervorgerufen hatte, in etwas, das sehr stark an Hass grenzte.

Ihr Sohn erwies sich als ein zartes Kind, und als diese Tatsache bekannt wurde, weckte sie die Hoffnungen der Alexandra feindlich gesinnten Partei und steigerte jene der Leute, die mit dem Vermögen des Großherzogs Michael verbunden waren. Als seine Schwägerin dies herausfand (und es gab nur zu viele Leute, die es ihr mitteilen wollten), begann sie ihrerseits den Großherzog zu hassen und dachte darüber nach, wie sie ihn loswerden könnte. Gemäß dem Familienstatut der Romanows wäre er Regent des Reiches gewesen, falls der Zar gestorben wäre, bevor sein Erbe volljährig geworden wäre, und die Kaiserin wäre in diesem Fall mehr oder weniger ihm und allen Befehlen unterworfen gewesen, die er ihr zu erteilen für notwendig erachtet hätte. Höchstwahrscheinlich wäre das Erste, was er getan hätte, gewesen, ihr das Sorgerecht für ihren Sohn zu entziehen und ihn mit Männern seiner Wahl zu umgeben. Allein der Gedanke an einen solchen Fall brachte Alexandra Fjodorowna in Rage, und als der Großfürst die morganatische Ehe einging und sich damit den Zorn seines Bruders zuzog, ergriff sie die Gelegenheit, um zu versuchen, eine Person ein für alle Mal loszuwerden, die sie als ihren schlimmsten Feind betrachtete.

Um die Wahrheit zu sagen, der arme Michael war nie ihr Feind gewesen, so sehr er auch manche ihrer Handlungen missbilligt haben mochte. Das einzige, was er verlangte, war, mit der Frau allein gelassen zu werden, die er gegen den Widerstand der ganzen Welt und seiner gesamten Familie, angefangen bei seiner Mutter, ausgesucht und geheiratet hatte. Sie war eine geborene Dame, die Frau eines seiner Offizierskollegen in einem Kürassierregiment, das in Gatschina stationiert war. Der Großfürst hatte sich vor allem wegen ihres sympathischen Aussehens und der Geduld, mit der sie sich die Geschichte seiner Zuneigung zu einer der Trauzeuginnen seiner Schwester Olga angehört hatte, in die er leidenschaftlich verliebt gewesen war und die er heiraten wollte, zu ihr hingezogen gefühlt. Die Romanze wurde durch die Einmischung der Kaiserinwitwe schnell im Keim erstickt und die junge Dame ins Ausland geschickt, mit der strengen Anweisung, bis auf Weiteres nicht nach Russland zurückzukehren. Der Großfürst war sehr unglücklich gewesen, hatte sich aber gefügt und Madame Wulfert die Geschichte seiner Ungerechtigkeiten vorgetragen. Letztere war eine bezaubernde Frau, hatte jedoch einen ersten Ehemann gehabt, von dem sie sich scheiden ließ, bevor sie ihren jetzigen heiratete. Dies allein hätte sie als Frau für den einzigen Bruder des Zaren unattraktiv gemacht, und als auch ihre Ehe mit Hauptmann Wulfert aufgrund der Beziehungen, die zwischen ihr und dem jungen Großherzog entstanden waren, aufgelöst wurde, wurde diese Unattraktivität noch verstärkt. Aber sie hatte einen Sohn geboren und war außerdem eine Person von beträchtlicher Anziehungskraft und ungewöhnlicher Klugheit. Michael erkannte, dass er ohne sie nicht leben konnte, und heiratete sie in Wien, ohne irgendjemanden um Erlaubnis zu fragen, wodurch er den Zorn aller seiner Verwandten auf sich zog.

Der Kaiser jedoch hätte die ganze Angelegenheit gern auf sich beruhen lassen oder zumindest so tun wollen, als würde er sie ignorieren. Doch weder seine Mutter noch seine Frau wollten davon etwas wissen. Erstere wünschte, dass ihr rebellischer Sohn irgendwie bestraft würde, und letztere entschied, dass diese Strafe äußerst streng sein sollte. Sie überredete den schwachsinnigen Zaren, seinen Bruder unter Zwang zu stellen und ihn zu einem sogenannten Mündel des Kanzleigerichts zu machen, das heißt, ihn selbst zu seiner Vormundschaft zu machen und ihm die Verwaltung des großen Vermögens zu entziehen, das er von Zar Alexander III. geerbt hatte. Dies machte ihn natürlich als Regent unwählbar, sollte der Kaiser sterben, und genau das war es, was die Zarin bezweckte. Natürlich hatte sie Unrecht, und so respektvoll ich ihr gegenüber auch war, konnte ich es mir eines Abends nicht verkneifen, als sie das Thema von sich aus ansprach, ihr zu sagen, meiner Meinung nach habe sie einen großen Fehler gemacht, indem sie sich so entschieden an der Züchtigung ihres Schwagers beteiligte, und es wäre von ihrer Seite aus politischer gewesen, sich aus der Angelegenheit herauszuhalten und sie zwischen dem Zaren und der Kaiserinwitwe regeln zu lassen, die schließlich die einzigen waren, die damit zu tun hatten. Meine Herrin hörte meinen Worten schweigend zu und rief dann plötzlich mit ungewöhnlicher Heftigkeit aus: „Ich musste es tun, ich musste es tun, er wollte mich von meinem Sohn trennen, er musste aus dem Weg geräumt werden!" Auf diesen Ausbruch gab es nichts zu erwidern , aber ich konnte nicht umhin, zu bedauern, dass die Kaiserin sich von falschen Berichten hatte beeinflussen lassen und dass ihr gesunder Menschenverstand nicht die Oberhand gewonnen und sie davon abgehalten hatte, sich in dieser Angelegenheit so offen zu kompromittieren. Meine Vorahnungen erwiesen sich leider als richtig, denn die erste Person, die auf die Zarin wegen ihrer Rolle in dieser ganzen Geschichte wütend war, war die Kaiserinwitwe, die nicht gewollt hatte, dass es so weit kam, und die sofort die wahren Gründe erriet, die ihre Schwiegertochter dazu getrieben hatten. Der Bruch zwischen den beiden Damen wurde in der Folge erheblich größer, und als meine Herrin immer mehr jenen abergläubischen Praktiken verfiel, die sich als ihr Verderben erwiesen, fand Marie Feodorowna echte Gründe, sie zu kritisieren, so dass es schließlich eine anerkannte Tatsache wurde, dass die schlimmste Feindin der Kaiserin ihre eigene Schwiegermutter war.

Ich bin sicher, dass es dieser leidgetan hätte, wenn sie gewusst hätte, in welchem Ausmaß die gespannten Beziehungen zwischen ihr und der Frau ihres Sohnes öffentlich zur Sprache kamen. Sie besaß weit mehr Würde als Alexandra Feodorowna und war zudem in alten kaiserlichen Traditionen erzogen worden, die ihrer Schwiegertochter unbekannt waren. Aber sie mochte sie nicht, und andererseits litt dieses Würdegefühl, auf das ich gerade angespielt habe, darunter, dass das häusliche Leben ihres Kindes, eines Kindes, das auch ihr Herrscher war, von allen verspottet und noch mehr verachtet als unbeliebt gemacht wurde. Als sie feststellte, dass der Krieg es ihr nicht erlaubte, in ihr geliebtes Dänemark zu gehen, zog sie sich schließlich nach Kiew zurück, wo sie die Revolution fand und von wo sie nach Liwadija auf der Krim ging, wo sie noch heute ist. Wenn ich über diese Dinge nachdenke, scheint es mir, dass all diese Reibereien, die sich letztlich als weitaus wichtiger herausstellten, als sie zunächst erschienen, zumindest teilweise hätten vermieden werden können, wenn die junge Kaiserin sich in der Äußerung ihrer Gefühle zurückgehalten hätte. Aber sie war zu offen, zu ehrlich, zu wahrhaftig, um eine Komödie spielen zu können, und Diplomatie war eine Kunst, die ihr völlig fremd war. Sie war nicht in Verstellung geschult worden, und sie verachtete diese Atmosphäre des Hofes, wo es unerlässlich war, seine Gedanken und Worte im Zaum zu halten. In gewisser Hinsicht war sie ein Kind, mit all der Impulsivität eines Kindes und der schönen Gleichgültigkeit gegenüber den Urteilen und Wertungen der Welt, und diese Unschuld ihres Geistes und Herzens machte sie den Intrigen, die sie umgaben, nicht gewachsen. Sie hatte niemanden, der sie liebte, außer ihren Kindern, und einen Ehemann, der nicht stark genug war, sie vor Angriffen zu schützen, und den sie im Grunde ihres Herzens heimlich verachtet haben musste, was er auch verdiente, denn obwohl er ein liebenswürdiger und freundlicher Mann war, war er nicht für einen Herrscher geeignet und konnte sein eigenes Verhalten ebenso wenig kontrollieren wie das Schicksal der Nation, über die das Schicksal ihn herrschen ließ. Er hatte absolut keine Initiative und keine Charakterstärke. Keine Anstrengung seiner Eltern oder seiner Lehrer in jungen Jahren hatte ihn an seiner natürlichen Trägheit hindern können und auch nicht daran, die Ideen und Meinungen aller Menschen, mit denen er sprach, als seine eigenen zu akzeptieren und zu billigen, selbst wenn sie sich diametral von denen unterschieden, die er selbst zuvor geäußert hatte.

KAPITEL XII

DIE TÄGLICHEN BESCHÄFTIGUNGEN DER ZARIN

ICH wurde oft gefragt, was die Zarin mit ihren Tagen anstellte und ob es wahr sei, dass sie sie in völliger Untätigkeit verbrachte. Und ebenso oft habe ich mich gefragt, was zu dieser Meinung Anlass geben könnte. Die Kaiserin hingegen war eine jener fleißigen Frauen, deren Hände nie ruhen und die immer auf die eine oder andere Weise beschäftigt sein müssen, sei es geistig oder mit irgendeiner Handarbeit, die ihre Aufmerksamkeit auf die Feinheiten konzentriert. In Darmstadt wurden die Prinzessinnen darin ausgebildet, ihre eigenen Kleider zu nähen und sich selbst zu bedienen, und eine der großen Freuden meiner Herrin war das Sticken, Zuschneiden und Herstellen der verschiedenen Gegenstände, aus denen die Babyausstattung und die Garderobe ihrer Kinder bestand. Wie ich bereits erzählt habe, hatte sie versucht, in Czarskoi Selo eine Handarbeitsgilde zu gründen, aber ihre Bemühungen in dieser Richtung stießen auf keine begeisterte Resonanz. Dennoch gab es in dem Palast, in dem sie sich eingerichtet hatte, bis zu ihrem Weggang einen Raum, der den Damen vorbehalten war, die an bestimmten Tagen und zu bestimmten Zeiten kamen und an Kleidern für die Armen arbeiteten, die zu Weihnachten an Bedürftige in Zarskoi Selo und St. Petersburg verteilt wurden. Als der japanische Krieg ausbrach, wurde im Winterpalast ein regulärer Arbeitsraum eingerichtet, der nie geschlossen wurde, weil er zum Zentrum der Aktivitäten der Kaiserin in Bezug auf die Herstellung von Kleidungsstücken für die Armen wurde. Kein Herrscher hatte jemals an etwas dergleichen in Russland gedacht, und natürlich wurde die Aktion von Alexandra Feodorowna in dieser Hinsicht weithin diskutiert, und während viele Leute ihr für ihre Initiative Beifall zollten, dachten andere, es sei nicht würdevoll für eine russische Kaiserin, Flanell zuzuschneiden und Strümpfe zu stricken, selbst für die Armen. Sie hätten es gern gesehen, wenn sie sich bei ihren Wohltätigkeiten auf andere Menschen verlassen hätte, wie es ihre Vorgänger getan hatten. Tatsächlich ignorierte sie in diesem wie in so vielen anderen Dingen die Traditionen, die alles bestimmten, was in den Palästen der Zaren vor sich ging, und das wurde ihr natürlich übelgenommen. Aber die arme Bevölkerung der Hauptstadt lernte, den Namen der Kaiserin zu segnen, und war ihr eine Zeit lang dankbar, bis in den Tagen der ersten Revolution alles, was mit ihr in Verbindung stand, von jener Unbeliebtheit überzogen wurde, die mit ihrem Namen verbunden war.

Die Kaiserin war eine große Leserin, aber nur von ernsthaften Büchern, und wissenschaftliche waren ihre Favoriten. Geschichte interessierte sie nicht, sie gab offen zu, dass sie sie langweilte, weil sie sich nicht für die Worte und Taten längst verstorbener Menschen interessieren konnte. Die Wissenschaft jedoch fesselte sie, und sie las mit Begierde jedes Werk über Astronomie,

Mathematik und Naturgeschichte, das auf Englisch, Französisch und Deutsch veröffentlicht wurde. Sie bewunderte Darwins „Entstehung der Arten" ungemein und hatte eines Tages einen heftigen Streit mit ihrem Beichtvater, der ihr Vorwürfe machte, weil sie ein so gefährliches Werk in ihren Räumen aufbewahrte. Astronomie war auch eines ihrer Hobbys, und sie erklärte es ihren Kindern, wann immer sie eine Gelegenheit oder Gelegenheit dazu fand.

Sie stickte wunderbar und fertigte einige Kirchenornamente an, die bei jeder Ausstellung leicht einen Preis gewonnen hätten. Ihr größtes Vergnügen aber war das Zeichnen von Karikaturen, die sie mit unglaublichem Talent ausführte, da sie die Gabe besaß, die lustige Seite jeder Sache oder Person zu erfassen, an der sie ihren Bleistift ausprobierte. Dieses Talent bereitete ihr jedoch viel Ärger, denn die Leute, deren lächerliche Punkte sie aufgriff, bemerkten es und waren natürlich zutiefst beleidigt, insbesondere die Mitglieder der kaiserlichen Familie, die mehr als alle anderen das Unglück hatten, unter ihren satirischen Bleistift zu fallen.

Internationaler Filmdienst

GROßHERZOGIN OLGA

Wäre sie klug genug gewesen, ihre Skizzen nicht Freunden zu zeigen, wäre es nicht so schlimm gewesen, aber sie stellte sie im Gegenteil gern aus und tat dies ohne die geringste Diskriminierung, mit dem Ergebnis, dass sie sich den Ruf einer unfreundlichen und bösartigen Frau einbrachte, was keineswegs der Fall war. Die Kaiserin versuchte, ihren Kindern die Liebe zur Musik zu vermitteln, und ihr gelang dies bei ihrer ältesten Tochter, der Großfürstin Olga, die ein wirklich wunderbares Klaviertalent hatte. Sie konnte wilde, melodische Melodien komponieren, durchdrungen von jener russischen und slawischen Traurigkeit, die allen nördlichen Charakteren innewohnt. Ich erinnere mich an einen Tag im vergangenen Mai, als ich unerwartet das Zimmer der jungen Großfürstinnen betrat und von Olgas Spiel hingerissen war, die all die Qual und Angst ihrer Seele in ihre Musik zu legen schien. Es war düster damals. Die Möglichkeit, das Gefängnis von Zarskoi Selo gegen ein anderes auszutauschen, zeichnete sich bereits am Horizont ab, und das junge, blühende Mädchen, das in die Schrecken und die Einsamkeit eines schrecklichen Exils geschickt werden sollte, ließ ihren Gefühlen in den seltsamen Akzenten freien Lauf, die sie der Musik verlieh, mit der sie versuchte, ihre aufgewühlten Gefühle zu lindern.

Trotz ihrer Vorliebe für Musik ging die Kaiserin selten in die Oper. Sie hasste es, sich in der großen Loge zu zeigen, in der sie der Etikette nach sitzen musste, und die Loge, die allen Mitgliedern der kaiserlichen Familie zur Verfügung stand, gefiel ihr nicht. Sogar in den ersten Jahren ihrer Ehe, als sie jeden Winter ein paar Wochen in St. Petersburg verbrachte, erschien sie kaum in einem Theater, nicht einmal bei den französischen Theaterstücken, deren Besuch für die Herrscher seit jeher fast eine Pflicht war, jeden Samstag.

Sie hatte sich vorgenommen, Russisch zu lernen, hatte es aber nie richtig gelernt, Russisch zu sprechen, und hatte nie ihren sehr starken deutschen Akzent abgelegt, der rau klang, was das Ganze noch unangenehmer machte. Die Kaiserin hatte weder eine angenehme noch eine harmonische Stimme, und da sie sich dessen bewusst war, versuchte sie, diesen Nachteil auszugleichen, indem sie sehr leise sprach, so leise, dass man sie manchmal kaum hören konnte. Dann wurde sie ungeduldig und brach das Gespräch ab, zum Entsetzen ihrer Gesprächspartner. In den letzten Jahren war sie leicht taub geworden, was das Problem noch vergrößerte.

Ihre Unfähigkeit, Russisch zu sprechen, gefiel den Leuten natürlich nicht, aber ich habe mich immer gefragt, warum sie dafür so scharf zur Rechenschaft gezogen wurde, wenn man bedenkt, dass ihre Schwiegermutter es auch nie gelernt hatte, was sie jedoch nicht daran hinderte, beliebt zu werden. Es war wieder einmal ein Fall von „Gib einem Hund einen schlechten Ruf und häng ihn auf."

Die Kaiserin unterhielt einen umfangreichen Briefwechsel mit ihren Verwandten in ganz Europa. In England, wo sie aufgewachsen war, hatte sie auch Freunde, mit denen sie gern ihre Eindrücke und Gedanken austauschte, und an ihren Bruder schrieb sie täglich. Sie hatte eine sehr deutliche Handschrift, klar und leserlich, und ihre Unterschrift war außergewöhnlich groß. Außer in offiziellen Dokumenten verwendete sie immer den Namen „Alix" statt Alexandra, und der Kaiser nannte sie im Privatleben ihres Familienlebens „Alice". Normalerweise beschäftigte sie sich nachmittags nach ihrem täglichen Spaziergang mit dem Kaiser mit ihrer Korrespondenz, und sobald ihr um fünf Uhr ihre Tasse Tee gebracht wurde, hörte sie auf zu schreiben, selbst wenn sie mitten in einem Brief steckte. In dieser Hinsicht war sie ganz außergewöhnlich. Dinge mussten zu einer bestimmten Stunde erledigt werden, und wenn nicht, mussten sie auf den nächsten Tag verschoben werden. Sie hätte um nichts in der Welt fünf Minuten der für etwas anderes vorgesehenen Zeit geopfert, um das zu beenden, was sie gerade tat.

In Czarskoi Selo hatte sie ein schönes Zimmer voller Blumen, in dem sie ihren Schreibtisch hatte, ein wunderbares Beispiel französischer Kunst aus der Zeit Ludwigs XV. Daneben stand ein kleinerer Tisch, auf den sie die Blätter, die sie gerade geschrieben hatte, warf, bis sie alle ihre Briefe fertig hatte, sie dann aufhob und in ihre Umschläge steckte. Dies führte manchmal dazu, dass sie einen Brief mit einem anderen verwechselte, und brachte sie in Schwierigkeiten, weil Leute Briefe bekamen, die nicht für sie bestimmt waren. Als Königin Viktoria noch lebte, schrieb ihr die Kaiserin regelmäßig jede Woche, aber sie mochte dies nicht besonders und sagte immer, dass es eine Pflicht sei, die sie sich lieber nicht auferlegen lassen würde. Zu Weihnachten und Neujahr schickte sie den anderen europäischen Herrschern, die sie persönlich kannte, regelmäßig ihre besten Wünsche.

In diesem Zimmer, das ich gerade beschrieben habe, das mit hellem und leuchtendem Chintz behangen war, an ein englisches Zimmer erinnerte und das bequeme und zugleich kostbare Möbel enthielt, erledigte die Kaiserin nur ihre Privatkorrespondenz. Alle ihre offiziellen Schriftstücke erledigte sie in einer kleinen Bibliothek, die von ihrem Wohnzimmer ausging, wo ein großer, hässlicher und praktischer Schreibtisch mit unzähligen Fächern stand, an dem sie zu sitzen pflegte, wenn ihr Privatsekretär ihr seine täglichen Berichte vorlegte. An diesem Tisch machte sie ihre Abrechnungen und erledigte alle ihre Geschäfte, und hier entwarf sie auch das Programm für ihre öffentliche Arbeit, Empfänge, Besuche bei Wohltätigkeitseinrichtungen und so weiter. Sie war äußerst ordentlich und sauber in ihren Gewohnheiten und wusste sofort, wo sie dieses oder jenes Papier hingelegt hatte. Ich glaube nicht, dass sie Unordnung in irgendeiner Form um sich herum geduldet hätte, und sie pflegte jeden Monat ihre zahlreichen Schubladen und Schränke zu durchsuchen, wobei sie erwartete, jedes einzelne Ding an dem Platz zu finden, an den sie es hinlegen wollte. Alle ihre Spitzen, von denen sie eine wunderbare Sammlung besaß, wurden in einem separaten Schrank aufbewahrt, zu dem ich als einziger einen Schlüssel hatte. Die Kaiserin selbst besaß ein Duplikat, wie von all ihren Koffern, Kleiderschränken und

Schränken, und sie klammerte sich an sie wie eine echte deutsche Hausfrau und öffnete manchmal unerwartet den einen oder anderen dieser Behälter, um sich zu vergewissern, dass sie in Ordnung gehalten wurden. Ich erinnere mich an einen amüsanten Fall dieser Manie. Als die Kaiserin heiratete, erhielt sie unter ihren Hochzeitsgeschenken ein wunderschönes Schreibtischset aus Kristall und Gold mit ihrem Monogramm und dem russischen Adler auf dem Tintenfass. Einige Jahre lang benutzte sie es immer, bis der Kaiser eines Tages schließlich bemerkte, dass das Wappen der Romanows, das das Löschbuch schmückte, eine Ungenauigkeit aufwies, und er schenkte seiner Frau sofort ein anderes und weitaus schöneres Schreibtischset, ein Meisterwerk der Kunstfertigkeit von Fabergé, dem großen Hofjuwelier in St. Petersburg, das aus Platin und Kristall mit großen Türkisen als Verzierungen gefertigt war. Der Stift war aus massivem Gold und hatte einen türkisfarbenen Griff. Natürlich beeilte sich die Kaiserin, das alte Set, das ihrem Gatten missfiel, wegzuräumen, und wir verstauten es in einem der Schränke, in denen die unzähligen Besitztümer der Zarin aufbewahrt wurden. Eines Tages öffnete sie den besagten Schrank, als sonst niemand anwesend war, und stellte mit großem Missfallen fest, dass einige Teile dieses Schreibtischsets auf einem anderen Regal standen als die anderen. Wir hatten das gemacht, weil wir dachten, dass es besser zu dem Platz passte, der uns zur Verfügung stand, aber die Kaiserin wollte sich auf derartige Überlegungen nicht einlassen und schalt uns ordentlich, weil wir ihre Sachen „in solcher Unordnung" aufbewahrten, wie sie es ausdrückte.

Zweimal im Jahr ging sie ihre gesamte Garderobe durch, wenn sie die neuen Kleider bestellte, die sie für jede Saison brauchte. Dann sah sie sich die verschiedenen Artikel darin sorgfältig an und verschenkte die Sachen, von denen sie dachte, dass sie sie nicht mehr brauchen würde, oder schickte sie ihrer Schwester, der Großfürstin Elisabeth, nach Moskau, wo diese sie unter den armen Mädchen des Moskauer Adels verteilte, die gerade heiraten wollten. Sie achtete sehr darauf, dass jedes Stück echter Spitze von diesen Kleidern abgetrennt wurde, und dann wurde diese Spitze in den für diesen Zweck vorgesehenen Schrank gelegt und in einen Katalog eingetragen, der vollständig von der Kaiserin selbst geschrieben wurde.

Wie man sich vorstellen kann, hielt all dies meine Herrin beschäftigt; und tatsächlich verging kaum eine Stunde am Tag, in der sie nicht mit dieser oder jener Sache beschäftigt war. Die Kleiderschränke ihrer Kinder pflegte sie mit derselben Sorgfalt, die sie ihren eigenen Sachen widmete. Und in Zarskoi Selo und Livadia sah sie selbst die Haushaltsbücher des kaiserlichen Haushalts durch, sehr zum Missfallen des Haushaltsvorstands, der sich oft beschwerte, dass die Kaiserin die Feinheiten der Haushaltsführung, die sie manchmal so freimütig kritisierte, nicht im Geringsten verstünde. Aber obwohl sie offen zugab, dass sie nicht wusste, wie viel ein Ei oder eine Kartoffel kostete, wollte sie, wie sie erklärte, dennoch den Preis der Kartoffeln kennen, die sie aß. Es war eine harmlose Manie und wäre auch als solche angesehen worden, wenn es nicht boshafte Leute gegeben hätte, die bereit waren, sich darüber lustig zu machen und über die „deutsche Haushälterin" zu lachen, wie sie meine arme Herrin spöttisch nannten. Angesichts dieser Tatsache hätte diese besser daran getan, sich nicht in Angelegenheiten einzumischen, in die sie sich schließlich nicht einzumischen brauchte und über die so viele Leute nur zu gerne nicht nachgedacht hätten.

KAPITEL XIII

DER JAPANISCHE KRIEG UND DIE GEBURT DES CZAREVITSCH

DER erste wirklich große Kummer und die größte Sorge, die meine geliebte Herrin ereilte, war der Japanische Krieg. Ich schreibe hier kein politisches Buch und verstehe in der Tat nichts von Politik, aber was ich weiß, ist, dass niemand von den Katastrophen, die die russische Armee und Flotte zerstörten, mehr betroffen sein konnte als die Kaiserin. Sie verbrachte Stunden weinend in ihrem Zimmer, wohin sie niemanden, nicht einmal ihre Kinder, ließ, und von dieser Zeit an hatten sie die schrecklichen Kopfschmerzen, die sie später so sehr quälen sollten. Sie war damals in einem empfindlichen Gesundheitszustand, und der Kaiser wollte sie so weit wie möglich von den Nachrichten verschonen, die von einem traurigen Ereignis nach dem anderen überbracht wurden, das sich auf alles bezog, was in dieser fernen Mandschurei geschah, wo russische Soldaten einen so harten Kampf führten. Das ganze Land war erzürnt über die beklagenswerte Organisation oder vielmehr den Mangel an Organisation, der so unerwartet ans Licht kam, und von Mukden und Tsushima aus erhoben die revolutionären Elemente im Land ihre Köpfe und begannen, den Thron zu bedrohen, den sie zwölf Jahre später zerstören sollten. Ganz Russland befand sich in den Klauen einer Aufstandsbewegung, und vielleicht waren die einzigen Personen, die sich ihrer Stärke und ihres Ausmaßes nicht bewusst waren, die Herrscher selbst. Nikolaus II. hatte die Möglichkeit des Untergangs seiner Dynastie nicht erkannt und glaubte ernsthaft, er könne den Strom, der das Land überschwemmte, aufhalten. Die Kaiserin kannte die Einzelheiten der Erschütterungen nicht, die die alten Legenden und Traditionen, die so lange die Regierung des Reiches bestimmt hatten, schnell zerstörten. Sie hatte noch einige Illusionen, und eine davon betraf die Stärke und den Hingabegeist der Armee. Es war daher ein schrecklicher Schock für sie, festzustellen, dass diese Armee, die sie für unbesiegbar gehalten hatte, sich von den Truppen des Mikado, die sie für Wilde gehalten hatte, hatte besiegen lassen. Sie empfand den Prestigeverlust, den dieser verheerende Feldzug mit sich brachte, grausam und fühlte sich auch in ihrem Stolz als Herrscherin und als Frau gedemütigt. Zu dieser Last der Sorgen kam noch eine weitere hinzu — die Furcht, dass das Kind, dessen Geburt sie erwartete, eine weitere Tochter sein würde, deren Ankunft auf der Welt die Unbeliebtheit seiner Mutter noch verstärken würde. Manchmal tat mir das Herz weh, wenn ich sie durch den Park von Peterhof schleppen sah, so krank aussehend, dass man sich fragte, ob sie die Prüfung, die sie erwartete, überstehen würde. In ihrer grausamen Angst fand sie niemanden, der sie ermutigte oder ihr aufmunternde Worte ins Ohr flüsterte. Ihr Mann war selbst in die traurigsten Sorgen vertieft, und sie wollte diese nicht noch verstärken, indem sie mit ihm über ihre eigenen Sorgen und Nöte sprach. So verging die Zeit und brachte jeden Tag neue Themen zur Besorgnis und neue Gründe zur Entmutigung. Schließlich wurde ich eines Morgens zusammen mit all ihren anderen Dienern an das Bett der Kaiserin gerufen, und mit zitterndem Herzen warteten wir auf das Urteil der Ärzte über ihre Gesundheit und das Geschlecht des Kindes, dessen Ankunft wir mit so großem Interesse erwarteten. Es war Mittag, und man hatte gerade die zwölf Glockenschläge der großen Uhr des Schlosses Peterhof gehört, die den heutigen Tag verkündeten, als ein Kinderschrei die Stille des Zimmers durchbrach, in dem die Kaiserin lag, und dann wandte sich Doktor Ott, ihr Arzt, dem Zaren zu, der bleich und besorgt neben seiner Gemahlin stand, mit den Worten: „Ich gratuliere Eurer Majestät zur Geburt eines Zarewitsch.“

Nikolaus II. antwortete nicht. Er stand da, als wäre er von der unerwarteten Nachricht benommen. Niemand sprach oder unterbrach seine Gedanken, sondern alle widmeten sich der Kaiserin, die noch immer unter der Wirkung des Chloroforms litt, das man ihr verabreicht hatte. Als sie die Augen öffnete, sah sie so schwach aus, dass niemand wagte, ihr die gute Nachricht zu überbringen, aber sie schien sie im Gesicht ihres Mannes zu lesen, denn sie rief plötzlich aus: „Oh, das kann nicht wahr sein; das kann nicht wahr sein. Ist es wirklich ein Junge?“

Nikolaus II. fiel neben ihr auf die Knie und brach in Tränen aus. Es waren die ersten und einzigen Tränen, die ich ihn jemals vergießen sah.

Internationaler Filmdienst

DER EX-ZAREWITSCH

Die Geburt eines Thronfolgers war ein Ereignis von solcher Tragweite, dass es für einige Zeit die ganze Aufmerksamkeit der Öffentlichkeit in Anspruch nahm und sie von allem ablenkte, was im Fernen Osten geschah. Für seine Eltern war es ein Trost nach langen Jahren des Wartens und schien sie über die Katastrophen hinwegzutrösten, die sich an der Front ereigneten. Der Zar konnte seine Freude nicht zurückhalten und sprach in jedem Augenblick von „seinem Sohn" und suchte nach Gelegenheiten, die magischen Worte „Mein Junge" auszusprechen. Die Freude der Kaiserin war weniger überschwänglich, aber ebenso intensiv, vielleicht sogar noch intensiver, denn diese günstige Ankunft des kleinen Mannes, den man bereits erwartet hatte, verbesserte ihre eigene Position erheblich und verlieh ihr eine Bedeutung, die ihr zuvor verwehrt geblieben war. Sie schloss eine leidenschaftliche Zuneigung zu diesem vielversprechenden Kind und war ihm fast schmerzhaft und krankhaft ergeben. Leider erwies er sich als äußerst zarter kleiner Sterblicher, und in den ersten Jahren nach seiner Geburt hofften die Ärzte, die ihn behandelten, kaum, dass sie sein Leben retten könnten. Er wurde mit einer organischen Krankheit oder vielmehr einem Defekt geboren, einer Schwäche der Blutgefäße, die bei der geringsten Provokation platzten und Blutungen verursachten, die manchmal stundenlang nicht gestillt werden konnten. Lange Zeit wurde sein Zustand vor der Öffentlichkeit geheim gehalten, aber schließlich wurde eine Verheimlichung unmöglich, insbesondere nach einem Anfall, der sich etwa zwei Jahre vor dem großen Krieg ereignete und so schwerwiegend war, dass man absolut um das Leben des Kindes fürchtete. Einige Monate zuvor hatte er sich einer Operation wegen eines Leistenbruchs unterziehen müssen und hatte sich kaum von den Folgen erholt, als ein Unfall die Blutung auslöste, die wochenlang allen Mitteln, sie zu stoppen, widerstand. Es waren sorgenvolle Zeiten für die Eltern, und das Haar der Kaiserin veränderte seine Farbe und zeigte graue Strähnen, bevor man schließlich erklärte, dass ihr Sohn außer Gefahr sei.

Ich habe ausführlich über diese schwere Krankheit des kleinen Alexis gesprochen, weil so viele lächerliche Geschichten darüber in Umlauf gebracht wurden, Geschichten, die ebenso bösartig wie haltlos waren. Der kleine Erbe von Nikolaus II. war nie das Ziel eines Angriffs von Nihilisten, und alle Einzelheiten, die einige Zeitungen über ihn berichteten, waren reine Erfindung. Es genügt zu sagen, dass sich die kaiserliche Familie zum Zeitpunkt seiner Erkrankung nicht auf ihrer Jacht befand, sondern in einem der Jagdhäuser des Zaren in Spala in Polen wohnte. Ich habe mich oft gefragt, wer ein Interesse daran gehabt haben könnte, diese lächerliche und beunruhigende Geschichte publik zu machen, an die bis heute viele Menschen außerhalb Russlands fest glauben.

Als der Großfürst verlegt werden konnte, kehrten seine Eltern nach Zarskoi Selo zurück, von wo aus sie für viele Monate auf die Krim gingen, deren mildes Klima für seine Genesung als notwendig erachtet wurde. Doch mehr als zwei Jahre nach diesem Anfall durfte der Junge nicht laufen und wurde ständig in den Armen eines Matrosen der kaiserlichen Jacht herumgetragen, den er in seine Zuneigung geschlossen hatte und der bis heute bei ihm ist, da er beschlossen hatte, ihn nach Sibirien zu begleiten. Diese Notwendigkeit, sozusagen ein krankes Kind vorführen zu müssen, war für die Kaiserin äußerst schmerzlich, deren mütterlicher Stolz durch das Wissen verletzt wurde, dass ganz Russland darüber sprach und den Kaiser bemitleidete, weil sein Erbe in einem so traurigen Gesundheitszustand war. Sie war auch ständig den Hänseleien der Familie ihres Mannes ausgesetzt, die ihr vorwarfen, sie habe, wie eine der Großfürstinnen es einmal ausdrückte, „die Romanows mit den Krankheiten ihrer eigenen Rasse angesteckt". An dieser Anschuldigung war etwas Wahres dran, denn die Krankheit, an der der Junge litt, war in der Familie Sachsen-Coburg vererbt und war von Prinzessin Alice, der Mutter der Kaiserin, in das Haus Hessen gebracht worden, deren eigener Bruder, der Herzog von Albany, in Cannes an den Folgen der Krankheit gestorben war. Das Schlimmste daran war, dass man nie wissen konnte, wann sie wieder ausbrechen würde. Der kleinste Stoß genügte, um einen Anfall auszulösen, und man kann sich vorstellen, wie alles andere als einfach es war, jede Bewegung eines lebhaften Jungen voller Spaß und Übermut zu überwachen, wie Alexis sich als solcher erwies. Andererseits hatte diese körperliche Schwäche (denn anders konnte man sie kaum nennen) zur Folge, dass das Kind übermäßig verwöhnt wurde. Die Mutter hatte Angst, ihm zu widersprechen oder sich seinen Launen zu verweigern, weil man ihr gesagt hatte, dass es für ihn gefährlich sei, auch nur zu weinen, da jede Anstrengung seiner Lunge oder seines Halses zum Platzen eines Blutgefäßes führen könnte. Man kann sich daher eine Vorstellung von dem Erziehungssystem machen, dem Alexis unterworfen war, und vielleicht wird man Nachsicht gegenüber der Kaiserin empfinden, wenn man an die ständige Angst und Sorge denkt, in der sie ihre Tage und Nächte verbrachte, und ihr die Schwäche verzeihen, die sie jeder Laune oder Einfallslosigkeit des Jungen nachgeben ließ, der anscheinend geboren wurde, um ihren Kummer zu vergrößern, und nicht, um Freude in ihr Leben zu bringen.

Ich werde nun einen Vorfall erzählen, der die Zarin damals tief beeindruckte. Es war ein paar Tage vor der Geburt ihres Sohnes. Wir waren in Peterhof und sie war gerade dabei, sich für das Abendessen fertigzumachen. Plötzlich hörten wir hinter uns ein Krachen und sahen mit Bestürzung, dass ein schwerer Spiegel, der an der Wand hinter Alexandra Feodorowna hing, auf den Boden gefallen und in tausend Scherben zerbrochen war. Die Kaiserin schrie laut vor Erregung und für einen Moment glaubte ich, sie würde ohnmächtig werden, so blass wurden ihre Züge. Ich versuchte sie zu beruhigen, aber sie ließ sich nicht trösten und erklärte, es sei ein schlechtes Omen und sie würde wahrscheinlich bei der Geburt sterben. Als alles vorbei war und der Tag der Taufe des Großherzogs Alexis gekommen war, wagte ich es, seine Mutter an ihren Schrecken von vor einigen Wochen zu erinnern, und fügte hinzu, dass dies ein klarer Beweis dafür sei, wie falsch es sei, abergläubisch zu sein, denn trotz des schlechten Omens des zerbrochenen Spiegels hätte es sicherlich nichts Schöneres geben können als das, was gerade stattgefunden hatte. Die Kaiserin lächelte traurig und antwortete: „Meine gute Marfa, wir wissen noch nicht, was meinem Baby widerfahren wird und ob es ein glückliches Leben haben wird oder nicht. Vielleicht war das schlechte Omen für ihn und nicht für mich."

Merkwürdig ist, dass wir genau zehn Jahre später, im Juli 1914, kurz vor dem Krieg, wieder in Peterhof waren und die Zarin sich im selben Zimmer für das Abendessen anzog, als der gleiche Spiegel, der wieder aufgehängt worden war, mit demselben Geräusch und ebenso unerwartet herunterfiel und sie erschreckte wie zuvor. Ach, ach, damals konnten wir es uns leisten, über Omen zu lachen, aber jetzt, da so viele tragische Dinge geschehen sind, frage ich mich manchmal, ob diese Unfälle (denn anders kann man sie kaum nennen) eine Art Warnung vor den bevorstehenden Katastrophen waren. Auf eine Frau, die so abergläubisch war wie die Kaiserin, konnten sie sicherlich Eindruck machen.

Wenn ich „wuchs" sage, ist das nicht ganz richtig. Sie hatte immer an gute und schlechte Omen geglaubt und aus ihrer deutschen Heimat eine Menge Glaubenssätze an alle möglichen unheimlichen Dinge mitgebracht. Sie hätte sich nicht zu Tisch gesetzt, und der Anblick von drei Kerzen auf einem Tisch machte sie rasend. Sie hätte kein grünes Kleid angezogen, aus Angst, es könnte ihr Unglück bringen, und sie achtete immer darauf, einen Neumond von der richtigen Seite zu betrachten. Sie begann nie etwas an einem Freitag, und sie war fest davon überzeugt, dass man, wenn man nur stark genug als Medium wäre, Menschen aus einer anderen Welt in seine Gegenwart rufen könnte. Sie glaubte auch an Wunder und verehrte jede schmutzige Reliquie, die Hunderte ungewaschener Bauern geküsst hatten, ohne den geringsten Ekel zu empfinden, was umso seltsamer war, da sie im Allgemeinen fast peinlich darauf achtete, nichts zu berühren, was nicht gründlich gereinigt worden war. Der Einfluss, den Rasputin zunehmend auf sie gewann, beruhte lediglich auf dieser Schwäche, die von ihrer Schwester, der Großherzogin Elisabeth, ständig geschürt und ermutigt wurde. Diese war selbst ein äußerst gläubiger Mensch, der Bigotterie mit völliger Skrupellosigkeit verband, was die Mittel zur Verwirklichung ihrer vielen Ambitionen anging.

Wäre der Kaiser ein Mann mit starkem Charakter gewesen, hätte er vielleicht verhindern können, dass seine junge Frau dem Einfluss der vielen Menschen erlag, die sie bloß als Schachfigur in ihrem Spiel benutzten. Aber auf seine Art war er ebenso abergläubig wie sie, und sie waren beide so von ihrer Liebe und Sorge um ihren einzigen Sohn eingenommen, dass sie sich an alle klammerten, von denen sie dachten, sie könnten ihm von Nutzen sein. Als sie beispielsweise sahen, wie Rasputin, den sie für einen Heiligen hielten, sich auf den Boden warf und den Allmächtigen anflehte, den Jungen zu heilen, und als sie danach bemerkten, dass der Junge stärker wurde, fühlten sie sich immer mehr versucht zu glauben, dass es nicht die Ärzte waren (die ihnen gesagt hatten, dass das Kind niemals dauerhaft geheilt werden könne), die ihn geheilt hatten, sondern der Wille des Allmächtigen, und dass sie nur auf den Allmächtigen vertrauen mussten, um das Leben dieses heißgeliebten Sohnes zu retten.

KAPITEL XIV

DIE ZARIN, IHRE KINDER UND IHRE WOHLTÄTIGKEITEN

Es dürfte schwierig sein, eine bessere Mutter als Kaiserin Alexandra zu finden. Sie kümmerte sich um die kleinsten Einzelheiten der Erziehung ihrer Töchter und ihres Sohnes und versuchte vor allem anderen, ihnen die gleiche Ernsthaftigkeit zu vermitteln, mit der sie das Leben und seine zahlreichen Pflichten betrachtete. Sie bestand darauf, dass ihre Kinder immer die Wahrheit sagten, und das einzige Mal, dass ich sie jemals wirklich wütend auf den kleinen Alexis erlebte, war eines Morgens, als sie ihn dabei ertappte, wie er eine Lüge erzählte. Sie hatte so sehr unter der Unaufrichtigkeit gelitten, die ihr ständig auf Schritt und Tritt folgte, dass sie beschloss, ihre Kinder vor diesem Elend zu bewahren, und sie bemühte sich, aufrichtige Menschen aus ihnen zu machen. Sie hatte großes Glück bei der Wahl der Dame gehabt, die mit der Aufsicht über die Erziehung der jungen Großherzoginnen beauftragt wurde. Mademoiselle Toutscheff war eine Person von höchstem moralischen Charakter, die sich ihren Pflichten als Gouvernante der Töchter von Nikolaus II. mit völliger Hingabe hingab. Man sagte, sie sei die ganze Zeit über mit der Kaiserin im Streit gewesen und sei schließlich gegangen, weil man ihren Rat nicht beachtet habe. Aber das war nicht ganz richtig. Es stimmt, dass sie gegen die Vorstellung Rasputins bei ihren Schülerinnen war, aber das lag hauptsächlich daran, dass sie den Einfluss fürchtete, den dieser ungebildete Bauer auf die beeinflussbaren Gemüter der ihrer Obhut anvertrauten jungen Mädchen ausüben könnte, die sie nicht mit den abergläubischen religiösen Übertreibungen befallen sehen wollte, denen ihre Mutter leider erlag. Dies führte zu Reibereien zwischen ihr und Alexandra Feodorowna, und sie zog es vor, ihre Ämter aufzugeben, anstatt auf ihrem Posten zu bleiben, nachdem sie das Vertrauen der Mutter ihrer Schülerinnen verloren hatte. Es mag auch einen anderen Grund für ihr Weggehen gegeben haben. Die Großfürstin Olga war bereits zwanzig Jahre alt und hatte einen unabhängigen Charakter entwickelt, der die Position von Mademoiselle Toutscheff äußerst schwierig gemacht hatte. Sie dachte, es wäre im Interesse aller, ihre Verbindung zur kaiserlichen Familie abzubrechen, bevor sie diese durch unziemliche Streitigkeiten ruinierte.

In gewisser Hinsicht hatte sie recht, denn es war leider eine unbestreitbare Tatsache, dass die Kaiserin in ihrer Treue zur griechisch-orthodoxen Kirche ziemlich fanatisch geworden war und versuchte, ihre Töchter dazu zu bringen, ihrem Beispiel zu folgen. Glücklicherweise besaßen die Mädchen viel gesunden Menschenverstand und es gelang ihnen, sich von den religiösen Exzessen fernzuhalten, denen ihre Mutter verfallen war. Sie liebten sie zärtlich und hätten ihr Leben für sie gegeben, und sie ihrerseits war vernarrt in diese Mädchen. Als sie Babys waren, verbrachte sie den Großteil ihrer Freizeit mit ihnen in ihrem Kinderzimmer oder Schulzimmer, und später teilte sie alle ihre Beschäftigungen mit ihnen und verband sie, so weit sie konnte, mit ihrem Leben. Sie trennte sich nie von ihnen oder ihrem Bruder, und es gab nichts, was ihr Wohlergehen betraf, bis ins kleinste Detail, in das sie sich nicht einmischte. Als der Krieg ausbrach, absolvierte sie mit ihren beiden ältesten Töchtern eine Ausbildung als barmherzige Schwestern, und in dem Krankenhaus, das sie in Czarskoi Selo eröffnete, pflegte sie gemeinsam mit ihnen die verwundeten Soldaten.

Auch um den kleinen Jungen, dessen Ankunft für seine Eltern eine Quelle der Freude gewesen war, kümmerte sich die Kaiserin sehr. Sie hatte seine religiöse Erziehung auf sich genommen und ließ ihn jeden Morgen für eine Stunde in ihr Zimmer bringen, wo sie ihm das Evangelium vorlas und ihn den Katechismus lehrte. Sie war eine liebevolle, aber keineswegs törichte Mutter, und ihr Ziel war es, aus ihren Kindern anständige Männer und Frauen und würdige Mitglieder der Gesellschaft zu machen. Gleichzeitig hatte sie jedoch sehr feste Ansichten in Sachen Erziehung, und es gab Dinge, die sie nicht verstehen konnte, wie zum Beispiel die Notwendigkeit, dass ihre Töchter ein wenig Vergnügen in ihrem Leben hatten. Sie stellte sich vor, es sei völlig genug, wenn sie bei ihren Eltern lebten und alles besaßen, was ihr Herz an materieller Befriedigung begehren konnte, und wollte nichts von der Notwendigkeit einer Heirat hören. Sie konnte sich nicht dazu durchringen, sie als erwachsene Frauen zu betrachten, und betrachtete sie immer als Babys, die ihrer Fürsorge bedurften. Sie ist nicht die einzige Mutter, der man dieses Versäumnis vorwerfen kann, und ihr wurden mehr Vorwürfe gemacht, als sie verdiente.

DIE EX-ZARIN UND IHR SOHN

Der kleine Großherzog Alexis hatte einen Hauslehrer, einen Engländer, den er sehr mochte, und auch einen Französischlehrer. Seine Mutter wollte, dass er Fremdsprachen perfekt beherrschte, denn sie wusste aus Erfahrung, wie schwer es für Leute in hohen Positionen ist, ohne diese zurechtzukommen. Der Junge war ein aufgewecktes und intelligentes Kind, und wenn er nur gesund gewesen wäre, hätte er in seinen Studien vielleicht größere Fortschritte gemacht. Aber die Hälfte seiner Zeit verbrachte er im Bett, und das störte natürlich den Ablauf seines Unterrichts. Auch seine Schwestern erfreuten sich nicht der besten Gesundheit, und diese extreme Zartheit ihrer Kinder bereitete der Zarin ständig Sorgen. Sie wandte sich auch gegen die ihrer Meinung nach leichtfertige Neigung ihrer Töchter. Besonders Tatiana hatte eine große Vorliebe für schöne Kleider und Schmuck, und ihre Mutter versuchte ständig, ihre Extravaganzen in dieser Hinsicht zu unterdrücken, obwohl sie sehr wohl wusste, dass man ihr selbst denselben Vorwurf machen könnte. Sie lenkte die Aufmerksamkeit ihrer Töchter ständig auf das Leid anderer, und ihre Anweisungen trugen Früchte, denn als der Krieg ausbrach, zeigten die Großherzoginnen wunderbare Eigenschaften der Selbstverleugnung und Hingabe an die Sache der leidenden Menschheit. Besonders Tatiana war ganz wunderbar und arbeitete unermüdlich in dem Hilfskomitee, an dessen Spitze sie stand, das sich als das einzige erwies, das etwas Gutes tat und in dem es keine Unterschlagungen gab. Sie verzichtete auf alle Freuden, die sie sich durch den Kauf dieses oder jenes Dinges, das ihr gefiel, hätte verschaffen können, und als das Geld schließlich knapp wurde, verkaufte sie eine wunderschöne Perlenkette, die ihr Vater ihr zu ihrem achtzehnten Geburtstag geschenkt hatte, um etwas von dem Leid zu lindern, das ihr ständig vor Augen geführt wurde. Die Lehren ihrer Mutter hatten Früchte getragen.

Die Zarin war von Natur aus äußerst wohltätig und hatte außerdem sehr vernünftige Vorstellungen, wenn es darum ging, Leid und Elend zu lindern. Besonders am Herzen lag ihr das Schicksal kleiner Kinder, und die Gesellschaft, die sie und der Kaiser gründeten, um arme Frauen in ihren Hoffnungen nach der Mutterschaft zu unterstützen, indem sie ihnen beibrachten, wie sie für ihre Kinder sorgen sollten, war eine ausgeklügelte und äußerst intelligente Angelegenheit. Sie hätte sie sicherlich zu einem hervorragenden Ergebnis gebracht, wenn die Revolution nicht dazwischengekommen wäre und ihre Pläne in dieser Hinsicht zerstört hätte, wie sie so viele andere Dinge zerstörte.

Meiner Herrin wurde zu verschiedenen Zeiten vorgeworfen, dass sie sich gegenüber der Sache der nationalen Bildung gleichgültig gezeigt und diesem Problem nicht die gebührende Aufmerksamkeit geschenkt habe. Aber auch das war ein ungerechtfertigter Vorwurf. Die Kaiserin hätte sich nicht, selbst wenn sie es gewollt hätte, in die Führung der verschiedenen Bildungseinrichtungen für Frauen im Reich einmischen können. Diese standen alle unter der Schirmherrschaft der Kaiserinwitwe, die viel zu eifersüchtig auf ihre Privilegien in dieser Hinsicht war, als dass sie eingewilligt hätte, sie mit ihrer Schwiegertochter zu teilen. Dasselbe hätte man über die Arbeit des Roten Kreuzes sagen können, die vollständig von Marie Feodorowna geleitet wurde, die große Kenntnisse und beträchtliche Fähigkeiten mitbrachte. Aber gleichzeitig ließ sie nicht zu, dass die junge Zarin sich darin einmischte, und als diese bei ihren verschiedenen Besuchen an der Front versuchte, diese oder jene Verbesserung in der Leitung der verschiedenen Krankenhäuser vorzuschlagen, die sie inspizierte, protestierte ihre Schwiegermutter sofort und erklärte, sie sei beleidigt über das, was sie als Kritik an ihrer Leitung ansah. Die junge Kaiserin musste sich der Pflege der Verwundeten in den verschiedenen Krankenhäusern widmen, die sie in Zarskoi Selo eingerichtet hatte, und ihre Arbeit beschränkte sich auf das große Komitee zur Unterstützung der Flüchtlinge aus den besetzten Ländern und anderer Opfer des Krieges, das der Kaiser zu Beginn des Feldzugs gegründet und dessen Pflege und Schirmherrschaft er seiner Frau übertragen hatte. Es war eine interessante, aber gleichzeitig äußerst entmutigende Arbeit, da man ihre Ausführung nicht verfolgen konnte und man sich notgedrungen auf mehr oder weniger zuverlässige Leute verlassen musste. Meine Herrin bedauerte oft, dass sie daran gehindert war, ihre Erfahrung und ihre große Nächstenliebe in den Dienst der Armee zu stellen. Dies wurde ihr jedoch verwehrt, vielleicht nicht ohne Grund, denn zu dieser Zeit war sie bei den Truppen, die sie „die Deutsche" nannten, bereits äußerst unbeliebt geworden. Eines Tages, als sie einen Feldlazarettwagen inspizierte, hörte sie den Ausdruck in Bezug auf sich selbst und war davon so überwältigt, dass sie ihre Tränen nicht zurückhalten konnte. Obwohl die arme Frau wusste, dass die Untertanen ihres Mannes sie alles andere als mit Zuneigung betrachteten, hatte sie doch geglaubt, dass die Armee ihre Fürsorge und ihren Wunsch nach ihrem Wohlergehen zumindest zu schätzen wusste. Die Entdeckung, dass dies alles andere als der Fall war, war ein schwerer Schlag für sie. Im Laufe der Zeit wurde sie, und all ihre Hoffnungen, die Liebe der russischen Nation zu gewinnen, gingen verloren, und sie verhärtete sich und hörte auf, ihre Verachtung für eine Welt zu verbergen, die ihre guten Absichten nicht erkannt und nicht daran geglaubt hatte. Doch trotz all dem bemühte sie sich, die Intensität ihrer Enttäuschungen vor ihren Kindern zu verbergen, und sie fuhr fort, ihnen jene hohen Grundsätze einzuflößen, denen sie selbst treu geblieben war. Ihr großes Unglück war, dass sie in großen Zeiten lebte und dass sie nicht die Größe besaß, ihnen zu begegnen. Dies war ein Unglück, aber keineswegs ihre eigene Schuld.

Manchmal war es rührend, wie sehr sie sich um die kleinsten Einzelheiten kümmerte, die mit der Erziehung und dem Wohlergehen ihrer Kinder zusammenhingen. Man könnte sagen, dass ihre Aufmerksamkeit schon vor der großen Katastrophe, die sie heimsuchte, ganz auf ihre Babys gerichtet war. Sie war gern bei der täglichen Routine ihres Lebens dabei, und wann immer ihre Töchter vor Verwandten vorgestellt werden mussten, legte sie Wert darauf, ihre Toilette zu beaufsichtigen und ihr langes Haar zu bürsten. Die Mädchen waren im Winter wie im Sommer normalerweise weiß gekleidet, und erst als sie zwölf Jahre alt waren, willigte sie ein, sie während der Schulzeit in dunkle Farben zu kleiden. Aber selbst dann mussten sie sich zum Abendessen umziehen und vor ihren Eltern in den hellen Kleidern erscheinen, die ihre Mutter so liebte. Ihre Kleidung wurde immer in den besten Häusern hergestellt, und ihre Wäsche war genauso zierlich und prächtig wie die ihrer Mutter. Im Sommer und an Bord der kaiserlichen Yacht trugen sie im Allgemeinen Matrosenhüte und -blusen und durften so viel herumlaufen, wie sie wollten, und mit den Offizieren und Matrosen sprechen. Sie teilten die Liebe ihrer Mutter zum Meer, und die etwa sechs Wochen, die diese jährlichen Ausflüge in die finnischen Gewässer dauerten, waren die wahren Ferien sowohl für die Kinder als auch für die Kaiserin.

Letzterer wurde auch vorgeworfen, gegenüber den ausländischen Gästen, die von Zeit zu Zeit den Hof von Zarskoi Selo besuchten, keinerlei Freundlichkeit zu zeigen. Darin mag ein gewisser Wahrheitsgehalt enthalten sein, aber die scheinbare Kälte der jungen Zarin rührte von der ständigen Angst her, die sie verfolgte, sie könnte kompromittiert werden, wenn sie sich Fremden gegenüber zu überschwänglich zeigte. Sie wusste, dass jede Aufmerksamkeit, die sie ihren Besuchern entgegenbrachte, weithin kommentiert werden würde, und da es sich bei diesen, mit wenigen Ausnahmen, um deutsche Fürsten handelte, verstärkte dieser Umstand ihre Verlegenheit noch, denn sie war sich sehr wohl bewusst, dass man von ihr starke Sympathien für die Germanen ausging. In Bezug auf ihre englischen Verwandten war sie im Nachteil, denn die Königin von Großbritannien war die Schwester der Kaiserinwitwe, und als sie mit König Edward nach Rewal kam, war sie natürlich mehr mit Marie Feodorowna zusammen als mit der Nichte, mit der sie so wenig gemeinsam hatte und die überhaupt nichts getan hatte, um ihre Sympathien zu gewinnen.

Von Zeit zu Zeit erschien die Schwester der Zarin, Prinzessin Heinrich von Preußen, in Zarskoi Selo, und auch ihr Bruder, der Großherzog von Hessen, war dort ein häufiger Besucher. Aber diese Besuche waren nie offiziell und blieben meist unbemerkt von der Öffentlichkeit, die sich nicht mehr darum kümmerte, was im Haus des Herrschers vor sich ging. Auch die Mitglieder der kaiserlichen Familie waren seltene Besucher in Zarskoi Selo und vermieden es, sich dort zu zeigen, es sei denn, sie waren absolut dazu gezwungen. Alexandra Fjodorowna verstand es so perfekt, ihren Gästen klarzumachen, dass sie sie langweilten, dass es kein Wunder war, dass sie nichts davon wissen wollten und es vorzogen, sie nicht mit ihrer Anwesenheit zu belästigen. Die Kaiserinwitwe erschien an den Familienjubiläen wie Geburtstagen, Namentagen und anderen dieser Art, um ihrem Sohn und ihrer Schwiegertochter zu gratulieren, und jeden Winter kam die junge Zarin aus Zarskoi Selo nach St. Petersburg, um ihrer Schwiegermutter einen feierlichen Besuch abzustatten; danach sahen sich die beiden Damen lange Zeit nicht. All das war ungewöhnlich, aber sobald diese Beziehungen einmal hergestellt waren, war es nahezu unmöglich, sie zu ändern, und so wurde die Kluft, die meine Herrin von der Welt wie auch von der Familie ihres Mannes trennte, immer größer, bis sie sich schließlich allein in Gefahr, Kummer und einer der größten Katastrophen wiederfand, die die Geschichte je verzeichnet hat. Ob die Schuld allein bei ihr lag oder auch bei anderen, ist ein Punkt, zu dem ich nicht versuchen werde, eine Meinung abzugeben.

KAPITEL XV

DIE ERSTE REVOLUTION

ICH habe mich oft gefragt, ob die Kaiserin das Ausmaß der ersten revolutionären Bewegung, die während und nach dem Japanischen Krieg in Russland stattfand, wirklich erkannt hatte. Ihr war wiederholt gesagt worden, dass es sich um eine Meuterei ohne Bedeutung handelte, die von der Regierung niedergeschlagen werden musste. Der Zar und seine Minister hatten sie absichtlich im Dunkeln gelassen, der Zar, weil er sie nicht beunruhigen wollte, und die Minister, weil sie befürchteten, sie könnte angesichts der Gefahr, die die Dynastie bedrohte, versuchen, ihren Mann zu einer liberaleren Regierungsform zu überreden und Russland diese Verfassung zu gewähren, nach der alle riefen, insbesondere nachdem der Krieg deutlich bewiesen hatte, dass das autokratische Regime am Ende war. Sie konnte jedoch manchmal Echos der allgemeinen Unzufriedenheit hören, und tatsächlich war die erste Person, die sie auf das Ausmaß dieser Unzufriedenheit aufmerksam machte, die Kaiserinwitwe, die sehr gut über alles Bescheid wusste, was vor sich ging, und es sich zum Ziel gesetzt hatte, so gut wie möglich über alles informiert zu sein, was im Reich geschah. Einmal bat Marie Fjodorowna ihre Schwiegertochter, Nikolaus II. die Augen für die Gefahren der politischen Lage zu öffnen, doch sie lehnte dies ab, da sie glaubte, dass hinter dieser Bitte eine Intrige steckte, deren Opfer sie werden würde. Und so verging die Zeit, bis Graf Witte, der noch immer eine gewisse Popularität genoss, mit dem Kaiser sprach und ihn überredete, das berühmte Manifest vom 17. Oktober zu verkünden und eine Repräsentantenversammlung einzuberufen. In gewissem Sinne war dies ein Sieg für die Kaiserin, denn sie hatte damals mehr als einmal ihre Überzeugung zum Ausdruck gebracht, dass es für die russische Nation von Vorteil wäre, eine verfassungsmäßige Regierungsform einzuführen, die der in England so erfolgreichen so nahe wie möglich kam. Aber so seltsam es auch klingen mag, so änderte sie in diesem Moment ihre Meinung und schloss sich jenen Leuten an, die dachten, dass jedes Zugeständnis an die Forderungen der Bevölkerung den Untergang der Monarchie herbeiführen würde, so wie die Einberufung der Generalstaaten in Frankreich im Jahr 1789 den Sturz der Bourbonen herbeigeführt und Ludwig XVI. endgültig auf das Schafott geschickt hatte. Sie hatte ihr Schicksal immer mit dem von Marie Antoinette verglichen und mehr als einmal gegenüber ihren Freunden ihre Überzeugung zum Ausdruck gebracht, dass auch sie ein schreckliches Schicksal erleiden würde. Am Tag, als der Kaiser im großen Ballsaal des Winterpalastes die erste Duma eröffnete, weinte sie die ganze Zeit, während sie sich anzog, und fast mit einem Gefühl des Entsetzens ließ sie zu, dass ihre Mägde ihr das große Diamantdiadem, das zu den Kronjuwelen gehörte, auf den Kopf setzten und ihr die vielen Reihen von Perlen und Edelsteinen um den Hals hängten, die für sie bereitlagen. Sie fürchtete sich vor der Zukunft und fragte sich, was sie mit sich bringen würde.

Internationaler Filmdienst

DIE GROßE TREPPE, WINTERPALAST, PETROGRAD

Es gibt einen Vorfall aus diesen bedeutsamen Tagen, den ich erzählen muss. Als die Bevölkerung von St. Petersburg, angeführt vom berüchtigten Gapone, in den Winterpalast ging und den Souverän sprechen wollte, um ihm ihre Beschwerden vorzutragen, war die Zarin der Meinung, er hätte sie empfangen und mit ihnen sprechen sollen. Ihre Schwiegermutter war derselben Meinung. Aber die Minister und insbesondere Graf Fredericks, damals noch Baron, widersetzten sich, und ihr Rat setzte sich durch, statt dem der beiden Kaiserinnen. Um die Wahrheit zu sagen, Nikolaus war kein mutiger Mensch und hörte nur zu bereitwillig auf diejenigen, die ihm sagten, er dürfe seine Person keiner Gefahr aussetzen.

Doch angesichts dieser neuen Last des Unglücks, die sie und ihre Kinder bedrohte, vertraute meine Herrin mehr denn je auf Gott und betete, betete mit mehr Inbrunst als je zuvor. Mehrmals legte sie Fürsprache für Revolutionäre ein, die wegen des einen oder anderen politischen

Verbrechens zum Tode verurteilt worden waren. Dies geschah insbesondere im Fall einer Frau, Sophie Konoplianinova, die General Minn ermordet hatte, den Kommandeur des Semenovsky-Regiments, der den Moskauer Aufstand mit unbarmherziger Grausamkeit niedergeschlagen hatte. Die Kaiserin wollte sie begnadigen, aber der Zar hörte nicht auf sie, und alle ihre Bitten um Gnade waren vergebens.

Ist es verwunderlich, dass sie, von grausamen Ängsten geplagt und in einer Atmosphäre des Aberglaubens aufgewachsen, mehr denn je an Spiritismus glaubte und Wahrsager, Mönche und Priester befragte, die ihr eine sorgenfreie Zukunft vorhersagten, in der sie keine Sorgen haben würde? Sie hörte ihnen zu und vertiefte sich mit blindem Glauben an ihre vielen und unterschiedlichen Vorhersagen immer mehr in die Ausübung einer religiösen Hingabe, die schließlich alle ihre Gedanken beherrschte und keinen Platz mehr für etwas anderes ließ. Sie hatte in ihrem Schlafzimmer ein Oratorium voller heiliger Bilder eingerichtet, zu dem jeden Tag eine weitere Ikone hinzukam. Keine Russin glaubte jemals fester an die verschiedenen Dogmen der orthodoxen Kirche als diese Tochter eines deutschen Hauses, deren Mutter eine enge Freundin des berühmten Strauss gewesen war und diesem erlaubt hatte, ihr sein Leben Jesu zu widmen, das in literarischen, religiösen und philosophischen Kreisen auf der ganzen Welt so große Aufregung verursacht hatte.

Die Revolution war schließlich besiegt, und obwohl die Duma sich weiterhin kritisch und sogar rebellisch zeigte, begannen sich die Dinge zu beruhigen. Russland bereitete sich auf die Feier des dreihundertsten Jahrestages der Thronbesteigung der Romanow-Dynastie vor, und zu diesem Anlass waren große Festlichkeiten geplant. Die kaiserliche Familie kam zum ersten Mal seit dem japanischen Krieg nach St. Petersburg und blieb vier Tage in der Hauptstadt. In der Kasaner Kathedrale wurde ein feierlicher Dankgottesdienst abgehalten, zu dem Vertreter aller Klassen des Reiches eingeladen waren, und der Adel von St. Petersburg gab einen großen Ball, bei dem die gesamte kaiserliche Familie anwesend war. Ich erinnere mich so gut daran, weil es das letzte Mal war, dass die Kaiserin in voller Pracht erschien und die Kronjuwelen trug. Sie hatte ein weißes, ganz mit Silber besticktes Satinkleid gewählt und sich bereit erklärt, etwas anzuziehen, was sie nur selten tat – die berühmte Diamantenkette zusammen mit der Tiara, die der Kaiserin Katharina gehört hatte. Sie war immer noch schön, aber die schmale Figur, die in ihrer Jugend so aufgefallen war, und der wunderschöne Teint, der unübertroffen gewesen war, waren verschwunden. Sie sah aus wie eine abgezehrte Frau mittleren Alters, geplagt von Sorgen und Ängsten, und obwohl sich das prächtige, scharfe Profil nie ändern konnte, hatte sich der Mund verändert und sein Ausdruck war fast tragisch. Sie blieb nur eine Stunde auf dem Ball und zog sich vor dem Abendessen zurück, wobei sie ihre Töchter der Obhut der Kaiserinwitwe überließ, die sich erfreut über den Gedanken zeigte, sie als Anstandsdame zu begleiten.

Es war der erste Auftritt der Mädchen in der Gesellschaft, und wer sie damals sah, wird nie vergessen, wie sie aussahen. Sie waren beide in rosa, weiche Tüllwolken gekleidet, die ihnen perfekt standen. Sie waren nicht gerade hübsch, aber sie hatten süße Gesichter und so charmante Manieren, dass man sich von ihnen angezogen fühlen musste. Gerüchte über ihre bevorstehende Hochzeit mit dem Kronprinzen von Serbien und dem zukünftigen Erben des rumänischen Throns kursierten damals und verstärkten das Interesse, das sie erregten. Leider, leider erwiesen sich all diese Hoffnungen als trügerisch, und die Gesellschaft von St. Petersburg, die von diesen beiden Prinzessinnen so angezogen worden war, sollte sie nie wiedersehen, zumindest nicht als Töchter eines regierenden Herrschers.

Schon damals kursierten dunkle Gerüchte über die Kaiserin und ihre Zuneigung zu dem schrecklichen Rasputin, der ihr so viel Schaden zufügen sollte. Im Allgemeinen hatte sie Pech mit ihren Freundschaften, denn auch die Freundschaft mit Madame Wyroubieva verursachte viele Skandale. Die Zarin hatte trotz all ihrer Klugheit (und sie war klug) kein Urteilsvermögen und besaß nicht die geringste Kenntnis der Welt oder der Menschheit. Sie glaubte alles, was man ihr sagte, und, um die Wahrheit zu sagen, sie war so darauf bedacht, zu gefallen und gemocht zu werden, dass sie die Liebesbekundungen, die ihr entgegengebracht wurden, mit Freude und erstaunlicher Leichtgläubigkeit hinnahm. Hätte sie nur eine wirklich gute Freundin gehabt, so viele ihrer Fehler hätten vermieden werden können.

Einer der Menschen, die ihr am meisten schadeten, war ihre eigene Schwester, die Großfürstin Elisabeth. Diese war eine ehrgeizige Person, die den Plan hegte, Russland durch die Kaiserin zu regieren. Sie war keineswegs aus Berufung zum religiösen Leben in ein Kloster eingetreten, sondern weil sie glaubte, dass dies ihr Ansehen im Lande steigern und sie dort eine Stellung erlangen könnte, die sie als Witwe eines Großfürsten, der wegen seiner Unbeliebtheit und des Hasses, mit dem er in ganz Russland betrachtet wurde, ermordet worden war, unmöglich hätte erreichen können. Sie stellte sich als Opfer dar und missbrauchte die Privilegien, die ihr diese Haltung verlieh, aufs Äußerste. Sie machte der Zarin große Sorgen, und wann immer diese etwas von dem, was sie ihr sagte, ablehnte oder sich weigerte, einer ihrer ständigen Bitten nachzukommen, drohte sie ihr mit der Strafe des Himmels und sagte ihr, dass Gott sie züchtigen und ihr ihren vergötterten Sohn nehmen würde. Sie verbrachte ihre Zeit damit, von einem Kloster zum anderen zu reisen, und schaffte es auf diese Weise, ganz Russland zu bereisen und überall eine beträchtliche Zahl von Anhängern für sich zu gewinnen. Ihr Plan war, den Zaren zu zwingen, die Verfassung, die er seinen Untertanen gewährt hatte, aufzuheben und zu den alten Formen der Alleinherrschaft zurückzukehren. Sie war es, die Herrn Protopopoff und Herrn Sturmer dem Kaiser empfohlen hatte, und es war ihr gelungen, sich selbst sowie allen Menschen, die ihr Treue geschworen hatten, einen prominenten Platz in der Staatsverwaltung zu sichern.

Die Kaiserin fürchtete sie und wusste im Voraus, dass sie auf lange Sicht gezwungen sein würde, alles zu tun, was ihre Schwester von ihr verlangte. Manchmal jedoch zeigte sie sich etwas ungeduldig über die Art und Weise, wie diese sie „kommandierte", um einen vulgären Ausdruck zu verwenden, und dann schmollte sie und schloss sich in ihrem Zimmer ein und weigerte sich, jemanden zu sehen, woraufhin Elisabeth seufzte und diskrete Anspielungen auf den traurigen Geisteszustand der unglücklichen Zarin machte. Sie war sicherlich diejenige, die am meisten zur weit verbreiteten Meinung beitrug, dass die Gemahlin von Nikolaus II. nicht ganz bei Sinnen war.

Die einzige Person, die gegen die Großfürstin kämpfte und ihren Launen nicht nachgab, war Madame Wyroubiewa, und vielleicht war das einer der Gründe, warum Alexandra Feodorowna sie so liebgewonnen hatte. Die arme Kaiserin wollte, dass jemand ihre Schlachten für sie schlug, und war für jeden dankbar, der dazu in der Lage war. Sie hatte so wenige getroffen, die dazu bereit waren.

Kaiser Nikolaus war seiner Schwägerin sehr zugetan. Sie stellte für ihn das einzig wahre russische Element in der kaiserlichen Familie dar, in dem Sinne, dass er sie für so sehr den alten moskowitischen Traditionen unterworfen hielt, denen seine Onkel und Cousins und sogar seine eigenen Brüder und Schwestern abgeschworen hatten, und er bildete sich ein, sie sei besser als jeder andere in der Lage, die Bedürfnisse und Eigenarten der russischen Nation zu verstehen. Er hörte ihr immer mit Ehrerbietung zu, und obwohl er selbst ein Bigotter war, war er bereit, ihr zu glauben, wenn sie ihm versicherte, dass der Allmächtige ihn immer beschützen würde, vorausgesetzt, er bliebe den Grundsätzen jener Orthodoxen Kirche treu, die von ihm die Vernichtung von allem und jedem verlangte, der dieser Autokratie, deren gewählter Vertreter er war, irgendeinen Widerstand entgegensetzte. Der Zar gehörte zu jener Klasse von Menschen, die nur auf diejenigen hören, die ihnen zustimmen, und er hatte nie etwas gelernt oder aus den Lektionen, die man ihm beibringen wollte, egal in welcher Richtung, etwas gelernt oder Nutzen gezogen. Von Charakter und Temperament her war er ein Tyrann, gleichzeitig aber auch schwach und unentschlossen. Diese Kombination kommt häufiger vor, als man annehmen würde.

Zu der Zeit, von der ich spreche, war meine Herrin sehr unglücklich. Zum einen hatte sie nur noch wenig Hoffnung auf die Genesung ihres Sohnes, und abgesehen von der übertriebenen Liebe, die sie für ihn empfand, fühlte sie, dass ihre eigene Lage noch schwieriger werden würde, wenn der Junge sterben würde. Sie hatte einen fast krankhaften Wunsch, von den Leuten zu hören, dass ihr ein solches Unglück nicht widerfahren würde, und sie klammerte sich begierig an die Versicherungen, die Rasputin ihr zu geben pflegte, dass dem kleinen Alexis nichts passieren könne, solange er an ihrer Seite bliebe. Sie glaubte aufrichtig, dass dieser einfache Bauer aufgrund seiner Unwissenheit besser in der Lage sein würde als eine kultiviertere Person, mit dem Allmächtigen in Kontakt zu treten, und gründete ihren Glauben auf die Worte des Evangeliums, dass Er sich „einfachen und unwissenden Menschen offenbarte". Tatsächlich war sie der ganzen falschen Beteuerungen, mit denen ihre Ohren überflutet wurden, überdrüssig geworden, und sie dachte, dass sich vielleicht ein bescheidener russischer Mougik zumindest ihr und ihrer Dynastie gegenüber als treu erweisen würde. Wie schrecklich ihr Fehler war, sollte die Zukunft beweisen.

KAPITEL XVI

DIE FREUNDE DER ZARINA

ALEXANDRA Feodorowna schloss in den ersten Jahren nach ihrer Heirat keine echten Freundschaften. Tatsächlich begann sie erst nach dem Japanischen Krieg die Intimitäten, für die sie von ihren Untertanen so viel Vorwurf gemacht wurde. Die berüchtigtste war die mit Rasputin, aber es gab noch zwei andere, ebenso schändliche – die mit Madame Wyroubieva und die mit Prinzessin Dondoukoff.

Internationaler Filmdienst

GROßHERZOGIN ELISABETH

Letztere war eine Dame von beträchtlicher Intelligenz und eine Ärztin von beachtlicher Begabung, die die Kaiserin an die Spitze des Privatkrankenhauses gestellt hatte, das sie lange vor Ausbruch des Krieges in Zarskoi Selo eingerichtet hatte. Später, als in der kaiserlichen Residenz weitere Lazarette und Ambulanzen eingerichtet wurden, deren Zahl im Verlauf des schrecklichen Kampfes täglich zunahm, wurde Prinzessin Dondoukoff zur Generalaufseherin aller dieser Einrichtungen ernannt, und sie war es, die die Zarin sowie ihre Töchter in den Aufgaben einer Rotkreuz-

Krankenschwester einwies. Sie hatte ein drängendes Temperament, stand in dem Ruf, in ihrer Moral locker zu sein, obwohl ich persönlich nichts sah, was das hätte rechtfertigen können, und war außerdem mit einer bemerkenswerten Neigung zur Intrige begabt. Niemand mochte sie, aber jeder fürchtete sie. Sie erschlich sich gründlich das Vertrauen der Kaiserin, die sich in allem auf sie bezog und ihr bereitwillig zuhörte. Sie gehörte natürlich zu den Anhängern Rasputins und bildete mit ihm und Madame Wyroubieva ein Trio, gegen das nicht nur die breite Öffentlichkeit, sondern auch das unmittelbare Gefolge des russischen Herrschers nur schwer ankämpfen konnte.

Prinzessin Dondoukoff verabreichte Alexandra Feodorowna Medikamente, die diese ohne Wissen ihrer ärztlichen Betreuer einnahm und die, als sie davon erfuhren, erklärten, dass sie viel mit ihren zerrütteten Nerven zu tun hatten. Das mag wahr gewesen sein oder nicht – ich wage keine Meinung zu diesem Thema –, aber meine Herrin war der Prinzessin auf jeden Fall viel zu sehr zugetan und hätte besser daran getan, sie seltener zu sehen, schon allein deshalb, weil die Bedeutung, die sie ihren Meinungen beimaß, die Ärzte, die sie regelmäßig behandelten, beträchtlich erzürnte, die sich über die Art und Weise beschwerten, wie ihre eigenen Rezepte vernachlässigt wurden.

Die Prinzessin führte bei Hofe einen Quacksalber namens Bachmanoff aus Tibet ein, der, wie sie behauptete, aus seinem Land allerlei geheime Heilmittel mitgebracht hatte, die sie der Zarin empfahl, an dem kleinen Großfürsten Alexis auszuprobieren. Die liebevolle Mutter glaubte ihr, und Bachmanoff wurde einer ihrer Lieblinge. Es ist unmöglich zu sagen, ob er das Kind geheilt hätte, denn dessen Amme, ein Matrose namens Derewenko, den er außerordentlich gern hatte und den ich bereits zu erwähnen Gelegenheit hatte, warf alle Pulver und Tränke, die Alexandra Feodorowna ihm aufgetragen hatte, ihrem Sohn zu geben, aus den Fenstern und achtete sehr darauf, dass der Junge nichts anderes bekam als das, was ihm sein eigener Arzt verschrieben hatte. Schließlich ging es dem Großfürsten besser und er wurde kräftiger, und letztes Jahr hätte man ihn für geheilt erklären können, zumindest insoweit, als die chronische Krankheit, an der er litt, geheilt werden konnte. Doch die Kaiserin war in ihrer Freude über diese unerwartete Genesung überzeugt, dass sie dem Tibeter zu verdanken war, an den sie mehr denn je glaubte.

Die Freundschaft zu Madame Wyroubieva war vielleicht noch schlimmer als die Zuneigung des törichten Herrschers zu Prinzessin Dondoukoff. Madame Wyroubieva war nicht die Tochter des Privatsekretärs des Kaisers, wie sie sich selbst vorgab, sondern eines Staatssekretärs (was etwas ganz anderes ist, da es sich um eine rein ehrenvolle Position handelt) namens Tanieieff. Sie war mit einem Marineoffizier verheiratet gewesen, mit dem sie nicht einer Meinung war, und sie ließen sich scheiden, nicht weil er verrückt geworden war, wie sie behauptete (Scheidung wegen Geisteskrankheit ist in Russland nicht erlaubt), sondern weil er Grund gefunden hatte, ihr Verhalten zu beanstanden. Die Kaiserin ergriff aus Gründen, die niemand je verstand, Partei für sie und lud sie ein- oder zweimal in den Palast von Zarskoi Selo ein. Madame Wyroubieva nutzte ihre Gelegenheiten optimal und wurde bald für Alexandra Feodorowna unentbehrlich. Sie war es, die zusammen mit Großherzogin Elisabeth Rasputin in den kaiserlichen Haushalt einführte, und mit ihm etablierte sie eine solche Kontrolle über die Handlungen der Zarin, dass diese bald nur noch ein Werkzeug in ihren Händen war.

Madame Wyroubieva war vor allem eine raffgierige Frau. Sie hatte fest vor, aus der Vertrauensstellung, die sie innehatte, ein Vermögen zu machen. Sowohl sie als auch Rasputin befanden sich wiederum in den Händen einer Bande von Abenteurern, die sie für ihre eigenen Zwecke ausnutzten, und sie führten eine schändliche Ausbeutung der Staatskasse durch, für die leider die Kaiserin verantwortlich gemacht wurde. Letztere betrachtete Rasputin nur als eine heilige Persönlichkeit, eine Art orthodoxen Yogi, dessen Gebete der Allmächtige mit Sicherheit erhörte. In Bezug auf ihre Beziehungen zu ihm wurden schreckliche Dinge angedeutet, aber alles, was ich sagen kann, ist, dass sie meines Wissens zumindest keinen einzigen Moment mit ihm allein war und dass meine Herrin, außer in Bezug auf die Gesundheit des Thronfolgers, nie über etwas anderes als religiöse Themen mit ihm sprach. Die Öffentlichkeit behauptete, er sei bei Hofe allmächtig, aber ich bin überzeugt, dass diese Gerüchte von gewissen skrupellosen Personen stammten, die ein Interesse daran hatten, sie zu verbreiten, weil sie es schafften (dank der Vertrautheit, mit der sie sich rühmten, mit einer Person, die, wie sie erzählten, die Herrscher nach ihrem Gutdünken und ihrem Belieben manipulieren konnte), Armeeaufträge und andere Dinge zu erhalten, die sie begehrten. Unter ihnen waren Protopopoff und Stürmer und der berüchtigte Manassevitsch Maniuloff, dessen erpresserische Neigungen dazu führten, dass er verhaftet und zu mehreren Jahren Zwangsarbeit verurteilt wurde, von der er auf Anordnung der gegenwärtigen russischen Regierung freigelassen wurde. Rasputin wurde im Palast in Wirklichkeit als eine Art Hofnarren behandelt, der tun durfte, was er wollte – eine Art Narr nach dem Muster von Chicot in Dumas' Romanen, und weder Nikolaus II., der ihn sogar noch mehr mochte als die Kaiserin, noch diese hielten ihn jemals für etwas anderes als einen heiligen Pilger (denn das war, was er selbst erklärte), dessen Berufung es war, umherzugehen und der Welt das Evangelium zu predigen. Man darf nicht vergessen, dass es in Russland viele solcher Menschen gab und dass die natürliche Neigung zum Mystizismus, die ein Merkmal des russischen Charakters ist, sie immer mit Begeisterung aufgenommen hat. Die Kaiserin, die zwar eine Deutsche war, aber abergläubischer als jeder Russe, war fest davon überzeugt, dass die Anwesenheit Rasputins an ihrer Seite ein Schutzschild gegen alle möglichen Gefahren war. Sie weigerte sich daher, sich von ihm zu trennen, und wann immer etwas geschah, das ihr Sorgen bereitete, ließ sie ihn rufen, woraufhin er sich auf den Boden warf und die Mächte des Himmels anrief, um ihn und seine Freunde vor dem Bösen zu bewahren. Er war ein durch und durch fanatischer Fanatiker oder gab zumindest vor, sich wie ein Fanatiker zu benehmen, und er zwang die Kaiserin, sich neben ihm vor heiligen Bildern niederzuwerfen und stundenlang mit dem Gesicht auf den Boden gedrückt zu bleiben, um inständig einen Gott anzuflehen, den, wie er behauptete, nur er so ehren sollte, wie er geehrt werden sollte. Es ist schwer zu begreifen, dass eine Kaiserin von Russland und mit dem hochmütigen Temperament von Alexandra Feodorowna zu solch lächerlichen Praktiken bereit sein könnte, aber so war es, und ich kann nur sagen, was ich gesehen habe, ohne zu versuchen, es zu erklären. Es war jedoch nicht überraschend, dass die kaiserliche Familie, als sie von all dem erfuhr, empört war und versuchte, einen Mann aus dem Palast zu vertreiben, dessen Anwesenheit dazu neigte, das Königshaus in Misskredit zu bringen, und das zu einer Zeit, als im Gegenteil alle möglichen Mittel ergriffen werden sollten, um sein Ansehen zu steigern.

Als die Kaiserinwitwe von all dem hörte, erhob sie ihre Stimme, und obwohl sie sich nicht gern in Dinge einmischte, die sie nichts angingen, wandte sie sich an den Zaren, als dieser sie in Kiew besuchte, wohin sie ihren Wohnsitz verlegt hatte. Nikolaus hörte ihr zu, unternahm aber nichts. Andere folgten dem Beispiel von Maria Feodorowna, und die Großfürsten versuchten einzeln und gemeinsam, dem Oberhaupt ihrer Dynastie die Augen für die Übel zu öffnen, die Rasputins Anwesenheit verursachte. Alles erwies sich als nutzlos, denn der Kaiser stand ebenso wie seine Frau unter dem Zauber des klugen Komikers, dessen starker Wille seinen eigenen schwachen Verstand völlig besiegt hatte. Ich war oft Zeuge der Gebetsversammlungen, die im privaten Oratorium der Zarin abgehalten wurden und denen Rasputin vorstand. Nur wenige Leute wurden zu ihnen zugelassen, und die Gemeinde bestand im Allgemeinen aus Madame Wyroubieva, Prinzessin Dondoukoff, dem Zaren und seiner Gemahlin. Die kaiserlichen Kinder wurden manchmal aufgefordert, daran teilzunehmen, aber nicht oft. Rasputin pflegte laut zu beten und dann zu predigen, wobei er in seinen Predigten Themen aller Art berührte, die nicht im entferntesten als religiös gelten konnten. Und dann versicherte er seinen Zuhörern, der Herr habe sich ihm offenbart und befahl ihm, den Zaren mit diesem und jenem bekannt zu machen, wobei er das auswählte, was ihm in diesem Moment am Herzen lag. Die Kaiserin geriet gewöhnlich in hysterische Anfälle, während sie ihm zuhörte, und aus diesem Grund wurde ich gebeten, in der Nähe des Zimmers zu bleiben, um ihr zu Hilfe kommen zu können. Ich musste sie oft aufschnüren, sonst wäre sie erstickt, und zu diesem Zweck brachte ich sie in ein anderes Zimmer. Die Tatsache, dass eine ihrer Dienerinnen sah, wie ich einen Teil ihrer Kleidung wegtrug, gab Anlass zu den bösartigsten Gerüchten. Das Merkwürdigste an der ganzen Sache war, dass der Kaiser ungerührt zusah, als seine Frau sich in heftigen Krämpfen krümmte, und ihr keinerlei Hilfe anbot, weil Rasputin ihm versicherte, dass diese Krämpfe eine Manifestation der guten Geister und ein Beweis dafür seien, dass die Gebete der Zarin vom Allmächtigen erhört worden seien.

Ich weiß, dass das alles unglaublich klingt, aber es ist doch die Wahrheit. Die unglückliche Frau, die die Welt auf die grausamste Art und Weise verleumdet hat, war letzten Endes nichts weiter als ein erbärmliches Wesen, dessen geistiges Gleichgewicht, gelinde gesagt, zerrüttet war. Es wäre vernünftiger gewesen, sie in eine Anstalt zu stecken, als sie unmoralischer Handlungen zu bezichtigen, zu denen sie nicht fähig war. Natürlich konnte man von anderen, die Zeugen der täglichen Handlungen von Alexandra Feodorowna in Zarskoi Selo waren, nicht erwarten, dass sie die Dinge mit denselben Augen sahen wie ich, und ich bin nicht überrascht über den Ekel, der alle guten und ergebenen Diener der Dynastie erfüllte, als sie von diesen geheimnisvollen Treffen hörten, bei denen der Heilige Geist persönlich auf die Köpfe von Nikolaus II. und seiner Frau herabsteigen sollte. Einige von ihnen lebten noch, unter anderem Prinzessin Wassiltschikoff, eine der bedeutendsten Frauen der St. Petersburger Gesellschaft, die es auf sich nahm, meiner Herrin zu schreiben, um sie vor der Art und Weise zu warnen, wie sie sich selbst und die Dynastie in Verruf brachte. Die Zarin war furchtbar beleidigt, als sie diesen Brief erhielt, und geriet in einen ihrer seltenen Wutanfälle. Sie beschwerte sich beim Kaiser, und der Autor dieses Briefes, der ihren Zorn erregt hatte, wurde sofort angewiesen, St. Petersburg zu verlassen und sich in Ungnade auf eines ihrer Landgüter zurückzuziehen. Alexandra Feodorowna biss die Zähne zusammen und konnte ihre Tränen kaum zurückhalten, als sie über diesen, wie sie es nannte, „beschämenden Brief" sprach. In diesem Moment der Wut hätte sie, glaube ich, die Dame umbringen können, die es gewagt hatte, ihr Dinge zu erzählen, die sie für die unverschämteste hielt, die sie in ihrem ganzen Leben je gehört hatte. Sie sollte sich einige Tage später noch mehr beleidigt fühlen, als der Großfürst Nikolaus Michailowitsch, ein Cousin des Zaren, diesem ein Memorandum überreichte, in dem er ihn beschwor, nicht länger auf den Rat seiner Frau zu hören und die Bande von Abenteurern zu entlassen, deren Anwesenheit an seiner Seite ihn in Misskredit brachte. Die Kühnheit, mit der er es gewagt hatte, das Verhalten von Alexandra Fjodorowna zu kritisieren, wurde ihm ebenfalls mit der Verbannung geahndet.

Es ist daher nicht überraschend, wenn diejenigen, die Rasputin als nationale Gefahr betrachteten, sich schließlich entschlossen, ihn mit fairen oder unfairen Mitteln zu beseitigen. Natürlich stand hinter seiner Ermordung der Wunsch, dem Einfluss der Kaiserin auf ihren Gemahl ein Ende zu setzen und den Weg für ihre Unterbringung in einer privaten Anstalt oder einem Kloster zu ebnen, wo sie sich, so glaubte man, glücklicher fühlen würde als anderswo. Solange Rasputin existierte, war an so etwas nicht zu denken, aber man hoffte insgeheim, dass, wenn man ihn endlich aus dem Weg räumte, die Zarin völlig den Verstand verlieren würde und es dann relativ leicht werden würde, Nikolaus II. zu überreden, sich von ihr zu trennen, da man hoffte, dass die Dynastie dann etwas von dem verlorenen Prestige zurückgewinnen würde. Dies ist, soweit ich weiß, der wahre Schlüssel zur Ermordung des Abenteurers, dessen Karriere selbst in den Annalen der russischen Geschichte, die so viele merkwürdige Dinge verzeichnet hat, eine einzigartige Episode darstellt. Bei meiner Schilderung bin ich den Ereignissen zuvorgekommen und muss nun einige Jahre zurückgehen und vom Ausbruch des großen Krieges sprechen, wenn auch nur oberflächlich, denn sein Ausbruch läutete das Ende der Romanow-Dynastie ein und besiegelte in gewisser Weise das Schicksal der berühmten Dame, an deren Seite ich so viele Jahre verbracht hatte, bevor sie vom Unglück erschüttert wurde.

KAPITEL XVII

DER GROSSE KRIEG

ES ist unnötig zu wiederholen, dass niemand in Russland den Ausbruch des großen Krieges erwartete, am allerwenigsten der Zar. Ich werde den ernsten Teil dieses schrecklichen Dramas nicht berühren; ich erwähne es nur insoweit, als es die unglückliche Kaiserin betrifft. Sie war völlig überwältigt davon und hielt es für den Höhepunkt ihres Unglücks. Abgesehen von ihren Befürchtungen um jenes Russland, dessen Herrscherin sie war, fühlte sie zutiefst die Tatsache, dass sie mit ihren eigenen Verwandten und ihrem geliebten Bruder, den sie so sehr liebte, in den Krieg ziehen würde. Niemand in ihrer Umgebung zweifelte daran, dass Frankreich und Russland vereint die Deutschen sicher und schnell besiegen würden, aber die Zarin wusste sehr wohl, dass sie, wie auch immer der Kampf ausgehen würde, eines seiner Hauptopfer sein würde. Sie war sich vollkommen bewusst, dass die Nation, die sie so sehr verabscheute, sie ganz offen die „Deutsche" nannte und dass sie wahrscheinlich verdächtigt werden würde, ihr Geburtsland dem ihrer Wahl vorzuziehen; sie ärgerte sich im Voraus über die Ungerechtigkeit dieser Anschuldigung. Jeder bemerkte ihre starke Erregung am Tag nach der Kriegserklärung, als sie während der religiösen Zeremonie im Winterpalast neben dem Zaren stand und der Verlesung des Manifests lauschte, in dem der Nation verkündet wurde, dass Deutschland sie zum tödlichen Kampf herausgefordert hatte. Bevor sie Peterhof (wo der Hof den Sommer verbrachte) nach St. Petersburg verließ, wagte ich es, ihr meine Hoffnung auszudrücken, dass sie genügend Kraft haben würde, um die Strapazen und Emotionen des anstrengenden Tages zu ertragen. „Ich kann jetzt alles ertragen", antwortete sie. „Da ich gestern nicht gestorben bin, scheint es mir, dass mich nichts jemals töten wird." Bedeutende Worte, an die ich mich im Laufe der Zeit mehr als einmal erinnern sollte, als eine Katastrophe auf die andere folgte.

Als der Krieg ausbrach, befand sich die Kaiserinwitwe in England. Sie telegraphierte ihrer Schwiegertochter, sie solle bis zu ihrer Rückkehr nach Russland ihren Platz an der Spitze des Roten Kreuzes einnehmen und die ersten notwendigen Maßnahmen ergreifen, um dessen Tätigkeit sicherzustellen. Die Zarin war dazu nur allzu bereit, stieß jedoch auf ungewöhnlichen Widerstand und sogar Feindseligkeit seitens der an der Gesellschaft beteiligten Beamten, die alle von ihr vorgeschlagenen Verbesserungen kritisierten und sich sogar weigerten, den Anweisungen zu folgen, die sie ihnen gab. Dies war natürlich eine Quelle bitterer Demütigung für sie, und sie war nur zu froh, sich ganz aus der Leitung der gesamten Angelegenheit zurückzuziehen, sobald ihre Schwiegermutter zurückgekehrt war. Dies wurde jedoch von der Öffentlichkeit falsch interpretiert, die behauptete, die Herrscherin interessiere sich nicht für die Sache der Verwundeten, weil sie den Krieg insgesamt missbilligte und es gern gesehen hätte, wenn Russland zu einer Einigung mit Deutschland gelangt wäre.

Die Lage meiner unglücklichen Herrin wurde mit der Zeit immer schwieriger. Zunächst schienen der triumphale (so nannte man es) Einmarsch der russischen Truppen in Galizien und die Einnahme von Lemberg auf einen erfolgreichen Feldzug hinzudeuten, doch dann folgten die ersten Rückschläge, gefolgt vom großen Rückzug, der bedeutete, dass einige der fruchtbarsten Provinzen des Russischen Reiches und ganz Polen dem Feind überlassen wurden. Der Verlust der gesamten Festungslinie, die die Weichsel verteidigte, war ebenfalls ein furchtbarer Schlag für Russlands Macht und für sein Wohlergehen sowie sein Ansehen. Natürlich war das ganze Land empört über diese unerwartete Reihe von Katastrophen, und natürlich wurde die Regierung dafür verantwortlich gemacht.

Der Mangel an Weitsicht seitens des Kriegsministeriums wurde der allgemeinen Korruption zugeschrieben, die in allen Bereichen der russischen Verwaltung herrschte, und auch der Vorliebe des Zaren für gewisse Günstlinge, gegen die er niemals Kritik hören wollte und die er weiterhin beschäftigte, obwohl das ganze Land ihre völlige Unfähigkeit erkannt hatte.

Die Kaiserin wusste das alles; sie war sogar mehr als einmal gebeten worden, einzugreifen und den Zaren darüber zu unterrichten, aber sie hatte sich stets geweigert, sich in Fragen einzumischen, die ihrer Ansicht nach so wichtig waren, dass jeder falsche Schritt schreckliche Folgen haben konnte. Einmal hatte der Oberbefehlshaber, Großfürst Nikolaus, bei einem seiner Stippvisiten von der Front nach St. Petersburg versucht, ihre Sympathie für einen umfassenden Reformplan zu gewinnen, den er durchsetzen wollte, aber sie war ihm gegenüber so misstrauisch, dass sie es für besser hielt, nichts zu tun, als ihm zu erklären, dass sie sich angesichts der allgemeinen Schwierigkeiten, die die Lage mit sich brachte, nicht für kompetent hielt, Ratschläge zu erteilen. Sie war erschrocken über die Beharrlichkeit, mit der gewisse Leute, die ihr nicht besonders wohlgesinnt waren, sie in Angelegenheiten verwickeln wollten, bei denen der kleinste Fehler ihr den Zorn der ganzen Nation auf den Kopf ziehen konnte. Gleichzeitig versuchte sie jedoch, etwas zu tun, was sie nie zuvor versucht hatte, nämlich mit ihrem Mann die Ereignisse des Tages zu besprechen und ihm ihre Ansichten mitzuteilen, die zwar immer gemäßigt waren, aber eindeutig für die Beibehaltung des autokratischen Systems sprachen. Sie sagte mir einmal, sie halte es für weitaus vorteilhafter für die Nation, wenn die Duma dauerhaft vertagt würde, zumindest für die Dauer der Feindseligkeiten, weil sie zum einen befürchtete, dass ihre Kritik das Vertrauen der Nation in ihre Regierung zerstören würde, und zum anderen, dass sie durch die Diskussionen den Abschluss eines Friedens verhindern würde, der den russischen Interessen zugute käme. Diesen Frieden forderte die Zarin von ganzem Herzen, und sie hätte viel geopfert, um ihn zustande zu bringen. Dies wurde bekannt, umso mehr, als sie nicht einmal versuchte, es zu verbergen, und es kam das Gerücht auf, sie verhandele mit ihren deutschen Verwandten über die Bedingungen eines solchen Friedens. Ich glaube nicht, dass sie das auch nur einen Augenblick lang getan oder gewollt hatte, aber diejenigen, die ihre Vernichtung im Sinn hatten, warfen ihr natürlich Intrigen im Sinne deutscher Interessen vor. Unglücklicherweise hatte sie sich jede einzelne Partei im Land zum Feind gemacht, zunächst die Aristokratie, aber auch die extremen Radikalen und Sozialisten, die sie für alle Repressionsmaßnahmen verantwortlich machten, die die Regierung gegen sie zu ergreifen begann. Die arme Frau war zum Sündenbock für alle Sünden Israels geworden.

Trotzdem kämpfte sie tapfer gegen diese schreckliche Übermacht und bemühte sich, dem Zaren etwas von der Energie zu geben, die ihm fehlte und von der sie vielleicht zu viel besaß. Damals stattete sie der Front mehrere Besuche ab, was ihr nie gestattet worden war, als Großfürst Nikolaus Oberbefehlshaber war, und sie versuchte, ihren Mann aufzumuntern und ihn in den neuen Verantwortungen zu ermutigen, die er übernommen hatte, als er seinen Onkel entließ und selbst den Posten des Oberbefehlshabers der Armee übernahm. Er war zu seiner Entscheidung durch den allgemeinen Wunsch der Öffentlichkeit gezwungen worden, die mit Großfürst Nikolaus unzufrieden war und hoffte, dass die Anwesenheit des Souveräns an der Spitze seiner Truppen diesen Mut einflößen und sie dazu bewegen würde, jede Anstrengung gegen den Feind zu unternehmen. Aber die Truppen waren nicht für die Rückschläge verantwortlich, die sie erlitten hatten; Der Mangel an Munition war die Ursache des Übels, und dieser konnte von keinem Oberbefehlshaber behoben werden, sondern hätte eine gründliche und radikale Reform der gesamten Verwaltung des Kriegsministeriums erfordert.

In Russland gab es niemanden, der stark genug gewesen wäre, diese Reform durchzusetzen. Unter den Umständen, in denen sich das Land befand, hätte es der Energie und des eisernen Willens eines Peter des Großen bedurft, um die Hindernisse zu überwinden, die umfassenden Reformen im Wege standen. Und Russland hatte mit Nikolaus II. den schwächsten Herrscher, der je das Zepter der Romanows getragen hatte.

Während dieser sorgenvollen Tage vertraute sich die Kaiserin mir an und rief mich manchmal an ihre Seite, meist nachts, wenn sie nicht schlafen konnte und von allerlei Zukunftsängsten geplagt wurde. Sie sagte mir damals, sie sei überzeugt, dass auf den Krieg eine Revolution folgen werde, und diesmal werde es eine ernste sein, die beträchtliche Energie erfordern werde, um sie niederzuschlagen. Der Gedanke, dass sie sich schließlich als erfolgreich erweisen könnte, kam ihr nie in den Sinn, und ich habe mich oft über ihre völlige Blindheit in dieser Angelegenheit gewundert. Aber sie war so überzeugt, dass der größte Teil Russlands noch immer an den Prinzipien einer allmächtigen Autokratie festhielt, dass niemand mehr überrascht war als sie selbst von der Schnelligkeit, mit der das russische Volk den Sturz der Dynastie hinnahm. Und doch hatte man ihr oft genug gesagt, dass diese Dynastie in Gefahr sei, wenn sie sich nicht entschloss, der öffentlichen Meinung nach Zugeständnisse zu machen, die lautstark nach einer Veränderung verlangte. Sie hegte noch immer Illusionen und glaubte ehrlich, dass ihre persönlichen Bemühungen zugunsten verwundeter und behinderter Soldaten sie bei der Armee beliebt gemacht hatten, dass diese ihr und dem Zaren dankbar war und nicht zulassen würde, dass ihnen Schaden zugefügt wurde. Sie erzählte gern Anekdoten, die dies bewiesen, und wann immer sie von einem ihrer häufigen Besuche an der Front nach Zarskoi Selo zurückkehrte, nachdem der Kaiser den Oberbefehl übernommen hatte, rief sie mich gern an ihre Seite und erzählte mir alles, was sie dort gesehen hatte und wie die Verwundeten, die sie besucht hatte, ihr für ihre Freundlichkeit ihnen gegenüber gedankt hatten, ohne zu wissen, dass ihr Dank im Gehorsam gegenüber einem Befehl ausgesprochen worden war und nie aus dem Herzen derer kam, die ihn ausgesprochen hatten. Es kam jedoch ein verhängnisvoller Tag, an dem die Kaiserin, als sie ihren Mann zu einer Parade von Regimentern begleitete, die an die kämpfende Front geschickt werden sollten, statt des üblichen Beifalls mit Totenstille von den Truppen empfangen wurde. Das war das erste Mal, dass ihr so etwas passierte, und die arme Zarin war über diesen Beweis, dass sie die Zuneigung ihrer Soldaten verloren hatte, so erschüttert, dass sie erklärte, sie werde sich nicht mehr unter ihnen zeigen. Natürlich versuchten ihre Freunde, sie aufzumuntern und ihr zu erklären, dass dies ein reiner Zufall gewesen sei, aber der Eindruck war da und seine Auswirkungen sollten von Dauer sein. Die ersten beiden Kriegsjahre zogen sich hin, und manchmal fragte ich mich, ob meine geliebte Herrin das Ende dieses schrecklichen Konflikts jemals erleben würde. Sie wurde immer schwächer und ihre Nerven waren so völlig zerstört, dass alle, die noch etwas für sie übrig hatten, ihretwegen in große Besorgnis gerieten. Nur der Kaiser schien völlig unbekümmert und bemerkte die große Veränderung, die mit seiner Frau vorgegangen war, nicht. Er stellte sich vor, dass sie wegen des Krieges besorgt war, aber er dachte nicht daran, dass sich ihr Gesundheitszustand von Tag zu Tag verschlechterte und dass sie die Energie, die sie früher besessen hatte, in dem hoffnungslosen Kampf gegen Kräfte verloren hatte, die sie auf lange Sicht überwältigen mussten. Ihre ganze frühere Lebhaftigkeit war von ihr gewichen. Sie war liebenswürdiger geworden als je zuvor, sogar während ihrer ersten Ehejahre, und sie nahm jeden kleinen Dienst, den man ihr erwies, dankbar an. Der hochmütige Stolz, mit dem sie früher jeder Unannehmlichkeit begegnet war, die ihr widerfuhr, war verschwunden. Sie hatte sich mit allem abgefunden, was ihr zustoßen konnte, aber ihre größte Sorge galt ihrem Mann und ihren Kindern, besonders dem ersteren, auf den sie einen Mordanschlag fürchtete, wenn er an der Front war. Während der schlaflosen Nächte, die ihr zuteil geworden waren, malte sie sich allerlei Übel aus, und dann ging sie zum Telefon, das sie in direkte Verbindung mit dem Hauptquartier brachte, und sprach mit dem diensthabenden Adjutanten, um nach Neuigkeiten vom Kaiser zu fragen. Ich glaube nicht, dass sie in den vierundzwanzig Stunden jemals mehr als ein oder zwei Stunden Ruhe hatte, und manchmal, wenn ich darüber nachdachte, machte ich der Prinzessin Dondoukoff nicht wie früher Vorwürfe, dass sie ihr Opiate verabreichte, die ihr etwas Ruhe verschaffen sollten. Dies alles war ein schrecklicher Zustand, aber noch immer nichts im Vergleich zu dem, was folgen sollte, und die unglückliche Zarin musste den Kelch des Leidens, der ihr bestimmt war, bald bis zur Neige leeren.

KAPITEL XVIII

Katastrophen und die zweite Revolution

DIE letzten Tage des Jahres 1916 waren traurig für meine arme Kaiserin. Zuerst kam die Ermordung Rasputins, die ihr schrecklichen Kummer bereitete, denn sie war fest davon überzeugt, dass ihr, solange er an ihrer Seite war, kein Leid zustoßen konnte, und wie sich herausstellte, hatte sie sich mit ihren abergläubischen Befürchtungen nicht so sehr getäuscht. In den ersten Tagen nach der Ermordung ihres Favoriten saß sie stundenlang regungslos in ihrem Boudoir, tat nichts und war in Gedanken versunken, die höchst schmerzlich gewesen sein müssen. Weihnachten – das letzte, das die kaiserliche Familie in ihrem geliebten Zarskoi Selo verbrachte – war ein trauriges Fest, und die Zarin versuchte nicht einmal, die melancholischen Vorahnungen abzuschütteln, die sie quälten. Sie war mit dem Gedanken beschäftigt, die Vernichtung des Mannes zu rächen, dessen Existenz sie als Fetisch betrachtet hatte. Es ist bekannt, dass sie dafür sorgte, dass der junge Großfürst Dmitri nach Persien verbannt wurde, als Strafe für seine Beteiligung an der Verschwörung, die ihr ihren Liebling geraubt hatte. Sie, die immer so freundlich gewesen war, wurde grausam und gnadenlos, und ich hörte sie einmal ausrufen, dass sie von nun an nicht mehr auf ihr Herz hören, sondern nur noch den Geboten ihrer Vernunft folgen würde.

Es gab einen Mann, der ihre Gunst aufgrund der Begeisterung gewonnen hatte, mit der er all ihre Ansichten vertrat; das war der Innenminister, Herr Protopopow. Er war einer der engsten Freunde Rasputins gewesen und drängte die Zarin ständig dazu, hart zu bleiben und denjenigen gegenüber keine Gnade zu zeigen, die sich gegenüber einem Mann, der ein heiliges Geschöpf gewesen war, so vollkommen unbarmherzig gezeigt hatten. Alexandra Feodorowna fand in ihrem Kummer etwas Trost, indem sie mit Protopopow sprach, der sie schließlich dazu brachte, seinen Plänen zuzustimmen, in Russland wieder eine absolute Regierung zu errichten.

Weihnachten war vorbei und ein neues Jahr hatte begonnen. Die militärischen und wirtschaftlichen Schwierigkeiten des Landes hatten sich in besorgniserregendem Maße gesteigert. In Zarskoi Selo bemerkten wir dies nicht, aber in Petrograd, wie St. Petersburg jetzt hieß, beklagte sich jeder über die hohen Lebenshaltungskosten und die Unmöglichkeit, sich die lebensnotwendigen Dinge zu beschaffen. Die Bevölkerung wurde ungeduldig und Unzufriedenheit machte sich breit. Diejenigen, die die Anzeichen des nahenden Sturms sahen, versuchten den Zaren zu überzeugen, dass er besser in der Nähe der Hauptstadt bleiben und nicht an die Front gehen sollte, wo seine Anwesenheit schließlich nicht unbedingt erforderlich war. Aber Nikolaus II. wollte nicht zuhören, vielleicht weil sowohl seine Frau als auch Herr Protopopoff ihn davon überzeugten, dass es keinen Grund zur Beunruhigung gab. Die Kaiserin hatte blindes Vertrauen in den Minister und war überzeugt, dass ein kleines Energiedemonstrat der Regierung die Ungeduld der Bevölkerung sehr schnell beseitigen würde. Sie wollte ihren Mann aus dem Weg räumen, nicht etwa, wie bereits erwähnt, weil sie einen Staatsstreich durchführen wollte, sondern weil sie den Zaren nicht durch seine Familie beunruhigen wollte, die verzweifelte Anstrengungen unternahm, um den Großfürsten Dmitri aus dem Exil zurückzuholen. Zunächst hatte sie vorgehabt, Nikolaus II. zum Hauptquartier zu begleiten, doch dann erkrankten ihre Kinder an einer Krankheit, die zunächst für eine Grippe gehalten wurde, sich aber später als Masern herausstellte, und sie wollte sie nicht allein lassen. Der Kaiser reiste ab und versprach, sofort zurückzukehren, wenn ernsthafte Probleme aufträten, und blieb in der Zwischenzeit in engem Kontakt mit seiner Frau und dem Garnisonskommandeur von Zarskoi Selo. Während seiner Abwesenheit fand die Revolution statt, ausgelöst durch einen Aufstand der mit der Verteidigung Petrograds betrauten Truppen. Sie gingen zur Duma, sobald sie hörten, dass diese die Einsetzung einer neuen Regierung auf sich genommen hatte.

Der Zar war von Verrätern umgeben und deshalb nicht einmal über alles informiert, was in Petrograd vor sich ging. Zwei dringende Telegramme, die ihm der Dumapräsident, Herr Rodzianko, gesandt hatte, erreichten ihn nie, wie wir später hörten. Hätte er sie erhalten, wäre er wahrscheinlich schnell zurückgekehrt, und vielleicht hätte seine Anwesenheit in der Hauptstadt die Katastrophe abwenden können. Aber seine Diener waren größtenteils für die Sache der Revolution gewonnen und ließen ihn absichtlich im Unklaren über die Schwere der Ereignisse, die sich abspielten, bis es zu spät war. Auch die Kaiserin war nicht über das Ausmaß des Aufstands informiert, und erst durch eine Indiskretion eines ihrer Diener bekam sie endlich eine Ahnung von der Wahrheit. Sie ließ Graf Benckendorff, das Oberhaupt des Haushalts, rufen und bat ihn, ihr alle möglichen Informationen über das Ausmaß der Rebellion zu beschaffen. Der Graf, der während dieser traurigen Geschichte der Sache der Herrscher, deren Vertrauen er durch seine langen und treuen Dienste gewonnen hatte, gegenüber äußerst loyal war, versuchte, nach Petrograd zu gelangen, wo er hoffte, Einzelheiten über die Ereignisse der letzten beiden Tage zu erfahren. Dies war ihm jedoch nicht möglich, da die Eisenbahnlinie bereits in den Händen der Revolutionäre war und kein Zug aus Czarskoi Selo weiterfahren durfte. Er musste sich notgedrungen mit den Nachrichten begnügen, die er telefonisch erhalten konnte, und bald wurde ihm auch diese Möglichkeit der Kommunikation mit den Leuten, die ihn wahrscheinlich über die Geschehnisse auf dem Laufenden gehalten hätten, verwehrt.

Die Kaiserin, fast wahnsinnig vor Angst, ging in ihren Gemächern auf und ab, rang die Hände und sagte die ganze Zeit, sie wisse, dass der Zar getötet worden sei und dass man ihr die Neuigkeit vorenthalte. Nur mit größter Mühe konnte sie dazu bewegt werden, ein Telegramm an General Roussky zu schicken, der damals als loyal galt, und sich nach dem Kaiser zu erkundigen. Nach etwa zwei Stunden erhielt sie eine Antwort, in der es hieß, Nikolaus II. sei auf dem Weg nach Pskow und rechne damit, noch in derselben Nacht dort anzukommen.

Dies beruhigte die Sorgen der Kaiserin etwas, und gerade zu diesem Zeitpunkt verschlechterte sich der Zustand der Großherzogin Olga, die die Masern in einem schwereren Verlauf als ihre Schwestern bekommen hatte, plötzlich, und man dachte, sie sei in Gefahr, da eine Lungenentzündung aufgetreten war, die ihren Zustand verschlimmerte. Und dann erkrankte Alexis, der in der Hoffnung, der Ansteckung zu entgehen, in einen anderen Flügel des Palastes gebracht worden war, seinerseits, so dass die unglückliche Zarin eine weitere Angst zu bekämpfen hatte, was vielleicht das Beste war, was ihr passieren konnte, denn die Notwendigkeit, sich um ihre Kinder zu kümmern, hinderte sie daran, über das zu grübeln, was mit ihrem Mann geschah, was sie sonst die ganze Zeit getan hätte.

Als nächstes hörten wir, dass die Duma zwei Delegierte zu einem Gespräch mit dem Zaren geschickt hatte. Wir hofften, dass aus dieser Konferenz etwas Gutes resultieren und dass Nikolaus II. dazu bewegt werden würde, ein verantwortliches Ministerium zusammenzustellen. Die Kaiserin selbst war überzeugt, dass er dies tun würde, und bemerkte, dass die Dinge nicht so schlimm sein würden, wenn Prinz Lvoff die Position des Premierministers annähme, da er im Herzen ein loyaler Monarchist sei und sich keiner Aggression gegen die Person seines Souveräns beugen würde. Sie schien fröhlicher als in den letzten zwei oder drei Tagen und zeigte sich erfreut darüber, dass es Herr Gutchkoff war, den sie persönlich kannte und immer gemocht hatte und der nach Pskoff geschickt worden war. „Vielleicht werden wir diesen Sturm doch überstehen", bemerkte sie und bemerkte weiter, dass es angesichts der ernsten Umstände, die sich aus dem ungünstigen Verlauf des Krieges ergaben, vielleicht genauso gut sei, wenn die alleinige Verantwortung für das, was folgen würde, nicht allein beim Souverän liege. Weder sie noch sonst einer von uns hatten die leiseste Ahnung, was in Pskoff tatsächlich vor sich ging. Gegen Mitternacht verließ ich die Kaiserin. Sie war überredet worden, sich zu Bett zu begeben, da Prinzessin Dondoukoff versprochen hatte, bei den Kindern zu wachen und sie sofort zu rufen, sollte sich ihr Zustand ändern. Sie war völlig erschöpft und wir waren alle froh, dass sie sich endlich etwas ausruhen konnte. Ich hatte mich ebenfalls in einem Zimmer neben dem Schlafzimmer meiner Herrin hingelegt, als ich gegen drei Uhr morgens durch ein leises Klopfen an meiner Tür geweckt wurde. Da ich dachte, dass es einem der Kinder schlechter ging, stand ich sofort auf und ging, um zu hören, was passiert war, bevor ich die Kaiserin störte. Auf der Schwelle stehend fand ich den alten Kammerdiener der Zarin mit einem blassen und verängstigten Gesicht. Er zog mich beiseite und rief mit verängstigter Stimme: „Etwas Schreckliches ist passiert: Der Kaiser hat abgedankt!"

„Was?", rief ich. Ich traute meinen Ohren nicht und war geneigt zu glauben, dass der Mann verrückt geworden war.

„Der Kaiser hat abgedankt", wiederholte er und begann sofort zu schluchzen.

Ich ließ mich auf einen Stuhl fallen und dachte, das Ende der Welt sei gekommen, und so war es tatsächlich - zumindest das Ende einer bestimmten Welt.

„Wer hat es dir erzählt?", fragte ich. „Wie hast du es erfahren?"

Der Mann antwortete, das neue Ministerium habe den Kommandanten der Stadt Zarskoi Selo telefonisch darüber informiert, dass der Zar zugunsten seines Bruders abgedankt habe und die Truppen unverzüglich darüber informiert werden müssten.

„Wie sollen wir es der Kaiserin sagen?", war mein erster Gedanke.

Natürlich konnten weder mein Informant noch ich die mühselige Aufgabe übernehmen, sie über das neue Unglück zu informieren, das sie ereilt hatte. Wir beschlossen, dass das einzige, was wir tun konnten, darin bestand, Graf Benckendorff zu informieren und ihn zu bitten, die traurige Mission auszuführen. Aber als wir zu seinen Gemächern gingen, trafen wir ihn, als er zu denen der Kaiserin kam. Er war auch über die Ereignisse informiert worden, die sich einige Stunden zuvor in Pskoff zugetragen hatten, und er wollte sie meiner unglücklichen Herrin mitteilen. Ich ging zurück und weckte sie. Sie schlief nicht und stand sofort auf. Sie hatte sich die ganze Zeit auf ein neues Unglück gefasst gemacht, und als man ihr sagte, dass Graf Benckendorff mit ihr sprechen wollte, war sie überzeugt, dass er sie über die Ermordung ihres Mannes informieren wollte. Im Vergleich zu einer solchen Katastrophe schien der Verlust ihres Throns eine Kleinigkeit zu sein, und vielleicht war ihr erstes Gefühl Erleichterung, als sie feststellte, dass ihre Befürchtungen unbegründet gewesen waren. Was sie jedoch nicht begreifen konnte, war die Tatsache, dass der Zar nicht zugunsten seines Sohnes abgedankt hatte. „Da muss ein Irrtum vorliegen. Es ist unmöglich, dass Niki die Ansprüche unseres Sohnes geopfert hat!", wiederholte sie immer wieder. Als sie jedoch schließlich glauben musste, dass dies der Fall war, ließ sie einem Ausdruck der Wut freien Lauf, der zeigte, wie sehr sie den schwachsinnigen Mann verachtete, mit dem sie verbunden war, und rief: „Er hätte in seiner Angst wenigstens an seinen Sohn denken können!"

Ich glaube, dass diese Worte die grausamste Verurteilung sind, die die Feigheit von Nikolaus II. jemals erfahren und verdient hat.

Internationaler Filmdienst

GROßHERZOGIN ANASTASIA

Wie man sich vorstellen kann, konnte danach keiner von uns mehr schlafen. Als es endlich dämmerte, fand man die Kaiserin vollständig bekleidet, bereits ruhig und ergeben vor den heiligen Ikonen in ihrem Oratorium kniend und um Gottes Schutz für ihre Kinder bittend. Dann ging sie hinauf in das Zimmer ihrer Töchter und erzählte den beiden Jüngeren, die noch nicht von Masern befallen waren, von der Veränderung, die in ihrem Schicksal stattgefunden hatte. Die Mädchen waren, wie man sich leicht vorstellen kann, fassungslos, und Anastasia, die Jüngste, begann zu weinen. Die Kaiserin beobachtete ihre Tränen und bemerkte dann mit harter Stimme: „Es ist noch zu früh zum Weinen; hebe deinen Kummer für eine andere Gelegenheit auf", und sie verließ das Zimmer, ohne ein weiteres Wort hinzuzufügen.

Doch obwohl man ihr sagte, dass der Zustand ihres Sohnes ernst sei, näherte sie sich den ganzen Tag nicht seinem Krankenbett. Es schien, als könne sie es nicht über sich bringen, das Kind anzusehen, dessen Geburt eine solche Quelle der Freude für sie gewesen war und das seines großen Erbes beraubt worden war. Allen, die sie gut kannten, war klar, dass einige Zeit vergehen musste, bevor sie es über sich bringen konnte, ihrem Mann das Unrecht zu verzeihen, das er ihrem einzigen Sohn zugefügt hatte, und vielleicht hätte sie es nie verziehen, wenn nicht all die anderen Unglücksfälle auf diese überstürzte Abdankung gefolgt wären.

KAPITEL XIX

Wie die Zarin verhaftet wurde

EINIGE schreckliche Tage. Die Kaiserin versuchte, mit ihm in Verbindung zu treten, aber obwohl es ihr gelang, über das Kabel mit ihm zu sprechen, war von Anfang an klar, dass jedes Wort abgehört wurde, und sie gab jeden Versuch eines vertraulichen Gesprächs auf. Was sie beunruhigte, war, dass Nikolaus II. sich entschieden hatte, statt nach Zarskoi Selo zurückzukehren, nach Mohilew zu gehen. Meine Herrin, die absolutes Vertrauen in General Roussky gehabt hatte, traute General Alexieieff nicht, von dem sie annahm, dass er den Zaren aus Ehrgeiz verraten könnte. Die Ereignisse zeigten, dass sie sich in ihrer Einschätzung des Generals nicht geirrt hatte, und was sie nicht wusste, aber viel später erfahren sollte, war, dass er es dem Kaiser praktisch unmöglich gemacht hatte, nach Zarskoi Selo zurückzukehren, und ihn beinahe gezwungen hatte, ins Hauptquartier zu gehen, wo er ihn festhalten wollte, bis die provisorische Regierung in Petrograd sich entschieden hatte, ob sie den ehemaligen Herrscher verhaften sollte oder nicht. Wir alle wussten nicht, was an der Front oder in Petrograd selbst geschah. Am Abend des auf die Abdankung folgenden Tages, als bereits bekannt war, dass Großherzog Michael sich geweigert hatte, den ihm von seinem Bruder überlassenen Thron anzunehmen, und als niemand wusste, was weiter geschehen würde, rief mich die Zarin in ihr Zimmer und bat mich, nach Petrograd zu fahren und herauszufinden, was die Leute dort über die ganze Situation dachten. Sie befahl, mir einen Wagen zur Verfügung zu stellen, da die Eisenbahnzüge nicht regelmäßig fuhren, aber ich lehnte ab, weil ich dachte, dass dies nur Aufmerksamkeit erregen und die Rebellen dazu verleiten würde, mich anzuhalten, wenn mir einer von ihnen begegnete. Ich begab mich allein und zu Fuß zum Bahnhof, wo ich den ersten Zug bestieg, der in die Hauptstadt fuhr. Niemand bemerkte mich, und ich machte mich ungestört auf den Weg zum Haus eines Freundes, der, wie ich wusste, wahrscheinlich gut über die Vorgänge informiert war. Zu meiner großen Überraschung stellte ich fest, dass sie mich überhaupt nicht empfangen wollte und mich beinahe aus ihrem Zimmer beorderte, mit der Begründung, es sei ihr Leben wert, mit einem persönlichen Diener der Kaiserin zu sprechen. Sie weigerte sich strikt, meine Fragen zu beantworten, und ich musste notgedrungen eilig den Rückzug antreten. Andere Leute, die ich aufsuchte, taten genau dasselbe, und ich stellte fest, dass alle meine Bekannten die allgemeine Meinung wiederholten, die, wie ich herausfand, in der Hauptstadt vorherrschend war, nämlich dass die Zarin durch ihren Verrat Russlands an die Deutschen die Ursache einer Revolution gewesen war, die alle vernünftigen und vernünftigen Mitglieder der Gesellschaft beklagten. Der einzige Grund, der beklagt wurde, war der Charaktermangel, wie sie es nannten, des Großherzogs Michael, der der allgemeinen Meinung zufolge den Revolutionären nicht in die Hände hätte spielen und die Nachfolge seines Bruders nicht ablehnen sollen. Zu dieser Zeit hatte die Idee einer Republik, die heute allseits bekannt ist, das öffentliche Bewusstsein noch nicht erfasst, und die Menschen wollten lediglich die Errichtung einer konstitutionellen Monarchie sehen. Was mich ganz entsetzte, war, dass das Gerücht verbreitet worden war, dass diese Ablehnung des Großherzogs auf eine Intrige der Kaiserin zurückzuführen sei. So wurde mir erzählt, dass sie ihm eine Nachricht überbringen ließ, dass sie sich an die Spitze einer Bewegung gegen ihn stellen würde, sollte er es wagen, den Thron anzunehmen. Allein der Gedanke, dass meine arme Herrin so etwas getan haben könnte, war lächerlich, aber in Krisenzeiten wie der, die wir gerade durchlebten, glaubt man die wildesten Geschichten, und im Fall von Alexandra Feodorowna war es nur zu leicht, Petrograd davon zu überzeugen, dass sie plante, die Rechte ihres Sohnes geltend zu machen, sogar gegen den Willen ihres Mannes. Als ich den Newski-Prospekt entlangging, begegnete ich Sandwich-Männern, die große Plakate mit aufrührerischen Inschriften über die Zarin trugen, und auf einem davon wurde ihre sofortige Inhaftierung, ihr Prozess wegen Hochverrats und ihre Hinrichtung gefordert. Rufe: „Nieder mit Alexandra Feodorowna!" Überall hörte man lautes Geschrei, und mir sank das Herz bei dem Gedanken, dass meine geliebte Herrin vielleicht der Wut des Pöbels zum Opfer fallen würde. Die Erinnerung an die Französische Revolution und an Marie Antoinette, mit der sich die Kaiserin so gern verglich, kam mir wieder in den Sinn, und ohne auf weitere Neuigkeiten zu warten (ich wusste nicht, woher ich sie bekommen sollte, denn in Petrograd schien niemand etwas zu wissen), machte ich mich auf den Weg zurück nach Zarskoi Selo, und bevor ich mich bei der Zarin vorstellte, suchte ich den Grafen Benckendorff auf, dem ich meine Erlebnisse in der Hauptstadt erzählte. Der Graf hörte mir zu und sah sehr ernst aus, als ich ihm gegenüber die Erbitterung – denn anders konnte man es kaum nennen – der rohen Elemente der Bevölkerung Petrograds gegen Alexandra Fjodorowna erwähnte. Wir diskutierten ein paar Minuten lang die Möglichkeit, sie aus dem Palast an einen anderen Ort zu bringen, wo sie relativ sicher wäre, gaben den Gedanken jedoch als undurchführbar auf, da die Kaiserin zum einen niemals eingewilligt hätte, ihre kranken Kinder im Stich zu lassen, und zum anderen der Palast von Czarskoi Selo und seine Bewohner bereits so streng bewacht waren, dass es für jeden nahezu unmöglich gewesen wäre, herauszukommen, ohne dies sofort der Revolutionsregierung zu melden. Außerdem war es notwendig, herauszufinden, was der Kaiser selbst vorhatte und was seine Pläne für die Zukunft waren. Die Lage war daher äußerst ernst, aber alles, was man unter den gegenwärtigen Umständen tun konnte, war abzuwarten. Der Graf erkundigte sich bei mir nach den Namen der Diener unter den persönlichen

Dienern der Zarin, die ich für recht vertrauenswürdig hielt, und ich nannte einige. Er hielt es für notwendig, eine Art geheime Wache um sie herum zu errichten, aus Angst, dass ein Mörder den Weg zu ihren Gemächern finden könnte, und tatsächlich blieb er drei Tage und Nächte lang selbst vor ihrer Tür, da er ihre Sicherheit niemand anderem anvertrauen wollte. Wenn es jemals einen treuen Mann auf der Welt gab, dann war es Graf Benckendorff.

Als ich nach meinem Gespräch mit ihm meine Herrin wieder betrat, fand ich sie in einem Zustand heftiger Erregung. Sie hatte die Nachricht erhalten, dass die Kaiserinwitwe nach Mohilev gereist war, um ihren Sohn zu besuchen, und Alexandra Feodorowna war überzeugt, dass die Reise unternommen worden war, um Nikolaus II. zu überreden, sich von seiner Frau zu trennen. Es war völlig sinnlos, der verzweifelten Prinzessin klarzumachen, dass so etwas zum jetzigen Zeitpunkt, da der Zar vom Thron zurückgetreten war, keinerlei Motiv gehabt hätte. Sie wollte nicht auf mich hören, sondern weinte und schluchzte und erklärte, dass nichts auf der Welt sie jemals von ihren Kindern trennen würde und dass sie sich lieber umbringen würde, als sie aufzugeben. Sie konnte nicht verstehen, wie es sein konnte, dass ihr Mann, dessen Zuneigung sie so sicher gewesen war, noch nicht zu ihr zurückgekehrt war, besonders angesichts der Tatsache, dass alle ihre Kinder so gefährlich krank waren. Der Gedanke, dass Nikolaus nicht mehr frei handeln konnte und nicht mehr tun konnte, was er wollte, war ihr nicht in den Sinn gekommen, und als ich sie darauf hinwies, dass dies der Fall sein könnte, wollte sie nicht auf mich hören und rief: „Wer könnte es wagen, ihn aufzuhalten? Schließlich ist er immer noch der Zar." Das Ausmaß der Katastrophe, die gerade stattgefunden hatte, hatte sie noch nicht erkannt.

Doch noch in derselben Nacht erreichten Gerüchte Zarskoi Selo, die Revolutionsregierung habe beschlossen, den ehemaligen Herrscher zu verhaften. Niemand von uns wollte ihnen zunächst Glauben schenken, so unmöglich schien die ganze Sache. Doch Graf Benckendorff, der vielleicht über Informationsquellen verfügte, die anderen fehlten, teilte uns mit, dass die Nachricht leider nur allzu wahr sei und dass Delegierte nach Mohilew geschickt worden seien mit dem Auftrag, Nikolaus II. gefangen zu nehmen. Was sie mit ihm vorhätten, könne er nicht sagen, und niemand wisse es. Es stellte sich die Frage, wie die Kaiserin von diesem neuen Unglück in Kenntnis gesetzt werden solle, und der Graf hatte sich noch nicht entschieden, da er auf eine offizielle Bestätigung des Gerüchts warten wollte, als er ans Telefon gerufen wurde und ihm mitgeteilt wurde, der neue Befehlshaber des Militärbezirks Petrograd, General Korniloff, wolle mit ihm sprechen.

Der General teilte Graf Benckendorff mit, er sei von der neuen Regierung beauftragt worden, der Kaiserin, die er vorgab, Alexandra Feodorowna zu nennen, eine bestimmte Botschaft zu überbringen, und er wolle sie deswegen sofort sprechen. Auf die Antwort, Ihre Majestät sitze am Bett ihrer kranken

Kinder und dürfe nicht gestört werden, erklärte Korniloff, es sei zwingend erforderlich, dass er seinen Auftrag ausführe, und wenn die Kaiserin seiner Bitte nicht nachkomme, werde er sich mit Gewalt Zutritt verschaffen.

Es blieb nichts anderes übrig, als ihn zu bitten, noch ein paar Minuten zu warten, bis die Zarin verständigt sei. Graf Benckendorff begab sich in ihre Gemächer und teilte ihr die knappe Bitte des Oberbefehlshabers mit. Sie sagte sofort, sie werde in einer halben Stunde für ihn bereit sein, und erklärte, sie sei sicher, er habe schlechte Nachrichten in Bezug auf den Kaiser für sie.

„Vielleicht haben sie ihn umgebracht!“, rief sie aus. „Und dann werden sie auch mich umbringen. Und was wird dann aus den armen Kindern?“

Korniloff traf in Begleitung aller Offiziere seines Stabes im Palast ein. Er wurde außerdem von einem Infanteriebataillon eskortiert, das er auf dem großen Platz vor dem Palast stationieren ließ. Er wurde von Graf Benckendorff empfangen und in den großen Salon geführt, in dem die Kaiserin in früheren Zeiten ihre Audienzen zu geben pflegte, und nach wenigen Minuten betrat die Herrscherin das Zimmer, ganz in Schwarz gekleidet, mit keinem anderen Schmuck als einer Perlenreihe um den Hals. Sie verbeugte sich steif, setzte sich und bedeutete dem General, dasselbe zu tun, wobei sie ihn gleichzeitig fragte, wem sie die Ehre seines Besuchs zu verdanken habe. In ihrer Stimme schwang ein Anflug von Ironie mit, der, wie ich später erfuhr, alle Zuhörer schmerzlich berührte und den General beleidigt haben muss. Er stand auf und sagte in grobem Tonfall: „Ich muss Sie bitten, Madam, aufzustehen und aufmerksam den Befehlen zuzuhören, die ich Ihnen gleich erteilen werde.“

Alexandra Fjodorowna hob in stummem Erstaunen die Augen, erhob sich aber ohne Protest von ihrem Sitz, was ich übrigens nie verstanden habe, wie sie das hätte tun können. Kornilow las ihr dann einen von allen Ministern unterzeichneten Befehl vor, in dem es hieß, sie sei verhaftet, es sei ihr verboten, ohne Erlaubnis des befehlshabenden Offiziers des Palastes von Zarskoi Selo Briefe zu empfangen oder zu versenden, sie dürfe sich nicht allein im Park oder auf dem Gelände aufhalten und sie müsse sich verpflichtet fühlen, alle weiteren Befehle auszuführen, die ihr gegeben würden. Gleichzeitig teilte er ihr mit, dass er im Begriff sei, die Wache im Palast abzulösen, und dass sie streng überwacht werde.

Nach diesen Worten des alten Soldaten herrschte Totenstille im Zimmer. Graf Benckendorff, der anwesend war, hatte das Gefühl, als ob sich der Boden unter seinen Füßen auftat, aber er hielt es für unratsam, etwas zu sagen. Die Kaiserin neigte nur den Kopf und bat dann Korniloff, die Diener ihrer Kinder nicht zu entfernen, bis sie von ihrer Krankheit genesen seien, und insbesondere den Matrosen, der jahrelang den kleinen Alexis betreut hatte, bei ihm bleiben zu lassen. Der General sagte, er habe keine Einwände dagegen; dann drehte sie ihm einfach den Rücken zu und verließ, ohne ein weiteres Wort zu sagen, das Zimmer. Korniloff gab dann seine Anweisungen an Graf Benckendorff weiter, der, als er mit ihm allein war, darum bat, nicht entlassen zu werden, und erklärte, er wolle auf jeden Fall das Schicksal seiner Herren teilen. Der Kommandant übertrug ihm daraufhin die Verantwortung für die gesamte Inneneinrichtung des Palastes und wies ihn darauf hin, dass er sich in Zukunft für das zur Deckung der laufenden Ausgaben notwendige Geld an die Staatskasse und nicht an die Verwaltung des Privatvermögens des ehemaligen Herrschers wenden müsse, und forderte ihn auf, bei diesen Ausgaben so sparsam wie möglich vorzugehen.

Die Kaiserin ging wie benommen in ihr Schlafzimmer. Dort wartete ich auf sie. Ein Blick auf ihr Gesicht genügte, um mir klarzumachen, dass etwas absolut Schreckliches geschehen war. Alexandra Fjodorowna warf sich mit dem Gesicht nach unten auf ein Sofa am Fußende ihres Bettes und rief zwischen herzzerreißendem Schluchzen aus: „Wir sind verloren, wir sind verloren! Was wird nun aus diesen unglücklichen Kindern? Was wird aus ihnen?" Und sie schluchzte lange weiter und ließ sich durch nichts trösten, was ich sagen konnte.

Die Nachricht von der Verhaftung der unglücklichen Herrscherin verbreitete sich wie ein Blitz im ganzen Palast, und als hätte sie die Pest befallen, verließen sie innerhalb weniger Stunden fast alle ihre Dienerinnen. Von ihren sechs Mägden blieb nur eine „ihrer Güte treu", wie man im Osten sagt, und selbst die Frauen, die die Großherzoginnen bedient hatten, packten schnell ihre Sachen und flohen, obwohl bekannt war, dass die jungen Prinzessinnen schwer krank waren. Prinzessin Dondoukoff wurde auf Befehl Korniloffs entfernt, und zwei Tage lang kümmerten sich nur ihre Mutter und ich um die kranken Kinder. Die Kaiserin erlebte auf die grausamste Art und Weise die Undankbarkeit der Menschheit. Hätte Graf Benckendorff nicht seinen eigenen Koch für ihre Mahlzeiten sorgen lassen, wäre sie inmitten all der Pracht ihres prachtvollen Palastes dem Hungertod ausgesetzt gewesen. Schließlich musste sich der Graf an die Revolutionsregierung wenden, und es wurden Diener geschickt, um diejenigen zu ersetzen, die uns verlassen hatten, und um die regelmäßige Versorgung der Gefangenen sicherzustellen. Während dieser ganzen schrecklichen Tage wusste keiner von uns, was mit dem Zaren geschehen war, und diese Ungewissheit verstärkte, wie man sich leicht vorstellen kann, das Elend und die Qual seiner Frau. Schließlich erhielt Graf Benckendorff ein Telegramm von Prinz Dolgoroukoff (nicht Dolgorouky, wie die ausländischen Zeitungen druckten; es handelt sich um zwei verschiedene Familien), einem der Diener von Nikolaus II., dass der abgesetzte Herrscher nach Zarskoi Selo zurückgebracht würde, wo er nach Beschluss der Revolutionsregierung vorläufig interniert werden sollte.

Die Nachricht wurde der Kaiserin sofort mitgeteilt und war für sie ein Trost in ihrem Kummer. Wir alle, die wenigen, die vom prächtigen Gefolge der Dienerschaft aus früheren Tagen noch übrig waren, fragten uns, wie unser Herr wohl aussehen würde, und wappneten uns für die schmerzliche Aufgabe, ihn als Staatsgefangenen in dem Palast zu empfangen, in dem er als allmächtiger Alleinherrscher geherrscht hatte. An einem dunklen und trüben Märzmorgen kehrte er zu uns zurück. Den Soldaten, die die Wache vor den Palasttoren bildeten, war strenger Befehl erteilt worden, ihn nicht anders zu behandeln als einen Oberst (er hatte während seiner gesamten Regierungszeit darauf bestanden, die Schulterklappen eines Obersts zu tragen), da er von nun an nur noch als Nicholas Alexandrovitsch Romanoff bekannt sein sollte. Obwohl wir darüber informiert worden waren, waren wir doch nicht auf das vorbereitet, was folgen sollte. Wir waren entsetzt, als wir aus dem Fenster, durch das wir beobachteten, sahen, wie der diensthabende Offizier den Befehl gab, Prinz Dolgoroukoff, der neben dem Kaiser im Automobil saß, das sie nach Hause brachte, mit den Ehren zu grüßen, die seinem Rang als General gebühren, während der abgesetzte Herrscher wie sein Untergebener behandelt wurde. Die Bedeutung der Revolution war uns nie so deutlich vor Augen geführt worden wie durch diesen bedeutsamen Vorfall.

Oben auf der Treppe des Schlosses erwartete Graf Benckendorff in voller Uniform Nikolaus II., den er mit derselben Zeremonie empfing wie zu der Zeit, als er noch auf dem Thron saß. Der edelmütige Herr zeigte in diesen Tagen der Not, aus welchem Holz er geschnitzt war, und tat alles, was in seinen Kräften stand, um die Nachlässigkeit und Undankbarkeit anderer wiedergutzumachen.

Der Kaiser begrüßte ihn kaum. Er eilte die Treppe hinauf, wobei er immer zwei Stufen auf einmal nahm, zu den Gemächern der Kaiserin. Alexandra Fjodorowna stand auf der Schwelle, bleich und schön, mit einer wilden Röte auf den Wangen, die an die Pracht ihrer vergangenen Schönheit und Jugend erinnerte. Weder Mann noch Frau konnten sprechen, als sie sich in die Arme fielen.

KAPITEL XX

LEBEN IM GEFÄNGNIS

ERST am ersten Tag nach der Rückkehr Nikolaus II. nach Zarskoi Selo durfte er seine Frau ohne Zeugen sehen. Schon am nächsten Morgen erschien Korniloff wieder im Palast und übergab den Gefängniswärtern (anders kann man sie kaum nennen), die den abgesetzten Monarchen und seine Familie bewachen sollten, folgende Anweisungen:

I. Dem Kaiser war es nicht gestattet, mit seiner Gemahlin zu kommunizieren, außer während der Mahlzeiten, bei denen die Unterhaltung natürlich nur belanglose Themen berühren durfte. Wenn er seine Kinder besuchen wollte, bei denen er so lange bleiben durfte, wie er wollte, musste die Kaiserin das Zimmer sofort verlassen, nachdem er es betreten hatte.

II. Weder der Souverän noch seine Gemahlin durften sich allein und unbeaufsichtigt im Park und auf dem Gelände aufhalten, sondern mussten stets von einem Unteroffizier und drei Soldaten mit scharfen Gewehren begleitet werden.

III. Wenn sie zur Kirche gingen, sollten sie von derselben Eskorte in die Privatkapelle des Palastes gebracht werden und es sollte ihnen nicht gestattet werden, miteinander zu sprechen.

IV. Jedes Mal, wenn einer ihrer Begleiter sie sehen musste, musste er oder sie vom diensthabenden Offizier und einer speziell zu diesem Zweck beauftragten Frau gründlich durchsucht werden.

Die jungen Großfürstinnen unterlagen nach ihrer Genesung nicht der strengen Kontrolle, der ihre Eltern unterworfen waren; sie konnten bei ihren Eltern und insbesondere beim Kaiser bleiben, so viel und so lange sie wollten. Olga machte von dieser Erlaubnis mehr Gebrauch als ihre Schwestern und verbrachte Stunden mit ihrem Vater, dem sie besonders zugetan war. Gleichzeitig wurden ihre Handlungen jedoch streng, wenn auch nicht so offensichtlich, überwacht, und es war ihnen nicht gestattet, das Schlossgelände zu verlassen und in die Stadt Zarskoi Selo zu gehen, nicht einmal, um die zahlreichen Krankenhäuser zu besuchen, in denen sie bis dahin als barmherzige Schwestern gearbeitet hatten.

Keiner der zahlreichen Mitglieder der kaiserlichen Familie, die sich fast alle in Petrograd aufhielten, äußerte den Wunsch, den Anführer ihrer Rasse zu sehen; im Gegenteil, viele von ihnen traten zur Sache der Revolution über, wie zum Beispiel der Großfürst Cyrill, der als erster die Truppen, deren Befehl er innehatte, in die Duma führte, um der neuen Regierung Treue zu schwören. Doch mehrere Mitglieder des ehemaligen Haushalts der unglücklichen Herrscher kamen, um sich ihnen zur Verfügung zu stellen, unter anderen die alte Madame Narischkine, die Hofdame der Kaiserin, die, obwohl sie bei dieser nie beliebt gewesen war, ihr bis zum Ende treu blieb und sogar darum bat, mit ihr nach Sibirien gehen zu dürfen, eine Bitte, die ihr von der Regierung verweigert wurde.

Der Zar nahm all diese lästigen Vorschriften mit völliger Gleichgültigkeit hin. Er unternahm lange Spaziergänge mit Graf Benckendorff und Fürst Dolgorukoff, mit denen er die ganze Zeit über völlig unbekümmert plauderte. Die Anwesenheit der Männer, die ihn auf diesen Spaziergängen begleiten sollten, schien ihn nicht im Geringsten zu stören, sondern legte im Gegenteil Wert darauf, ihnen zu danken, wenn sie ihn nach Hause brachten, und ein paar Worte mit ihnen zu wechseln. Er las sehr regelmäßig die Zeitungen und schien immer darauf erpicht zu sein, zu erfahren, was an der Front vor sich ging. Die Kaiserin dagegen weigerte sich absolut, sich den ihr auferlegten lästigen Beschränkungen zu unterwerfen, und während der gesamten Zeit, in der sie in Zarskoi Selo festgehalten wurde, verließ sie den Palast kein einziges Mal, da sie ihre Spaziergänge nicht unter den wachsamen Augen einer Eskorte unternehmen wollte. Sie behandelte jeden mit völliger Verachtung. Als der Zar das Zimmer betrat, in dem sie normalerweise mit ihren Kindern saß, machte sie vor ihm einen tiefen und respektvollen Knicks und verließ sofort das Zimmer, bevor der diensthabende Offizier Gelegenheit hatte, sie dazu aufzufordern. Sie hatte es nie verwunden, dass Korniloff ihr befohlen hatte aufzustehen, während er ihr die Befehle der neuen Regierung vorlas, und mehr als einmal hatte sie in ihren Gesprächen mit mir auf diese grausame Demütigung hingewiesen und wiederholt: „Können Sie sich das vorstellen! Er hat mich aufstehen lassen, mich, die Kaiserin von Russland“, und sie wollte eine ähnliche Demütigung kein zweites Mal erleiden. Obwohl man ihr wiederholt sagte, dass ihre Gesundheit es erfordere, dass sie im Freien sei, besonders wenn der Frühling käme, wollte sie keine Einwände diesbezüglich hören, sondern blieb streng im Haus und atmete nur ein wenig frische Luft durch ihr Fenster, das sie immer weit offen ließ und neben dem sie saß und an Kleidungsstücken und Verbänden für Soldaten arbeitete, die sie mich bat, an das Rote Kreuz zu schicken. Sie schlug nie ein Buch auf oder warf einen Blick auf eine Zeitung, und abgesehen von Handarbeiten bestand ihre einzige Beschäftigung darin, in die Kirche zu gehen und ihren jüngsten Kindern Unterricht zu geben. Sie lehnte jede Art von Mitgefühl ab und blieb still und verlassen in ihrem Elend, bis man ihr eines Tages sagte, dass sie ihr gegenwärtiges Gefängnis gegen ein anderes eintauschen würde, das in jeder Hinsicht weitaus schlimmer sei.

Wenige Tage nach dem Tag, an dem sie in Gefangenschaft war, traf eine von der Regierung gesandte Kommission in Zarskoi Selo ein, um die Kaiserin zu bitten, ihr die Kronjuwelen sowie ihre privaten Schätze zu übergeben. Sie hatte zugestimmt, die Mitglieder dieser Kommission zu empfangen, und ihnen mitgeteilt, dass die Kronjuwelen, soweit es sich um sie handelte, nie in ihrer Obhut gewesen seien und sich im Winterpalast befänden; ihre eigenen Diamanten und Perlen gehörten ihr jedoch persönlich, und sie würde sie nicht hergeben, es sei denn, sie würde mit Gewalt dazu gezwungen, und dann würde sie feierlich gegen eine Tat protestieren, die sie als reinen Raub ansah. Ihre Haltung war so fest, dass die Kommissionsmitglieder sich zurückzogen, ohne ihre Aufgabe erfüllt zu haben, und später gab Kerenski, an den die Angelegenheit verwiesen wurde, die Angelegenheit auf und erlaubte meiner Herrin, den Besitz der Schmuckstücke zu behalten, an denen sie mit solcher Entschlossenheit und Energie festgehalten hatte.

Doch das Silber, das den kaiserlichen Esstisch schmückte, wurde von der Regierung unter dem Vorwand, es sei Staatseigentum, beschlagnahmt, bis Nikolaus II. schließlich ohne Gabel und Messer zum Essen dastand. Schließlich traf Graf Benckendorff eine Vereinbarung, mit der er einen Teil des konfiszierten Silbers zurückkaufte und das Geld der Staatskasse übergab. Da jedoch das Privatvermögen des Zaren konfisziert worden war, waren es die jungen Großherzoginnen Olga und Tatiana, die diese Dinge aus ihren eigenen Mitteln einlösten.

Im Allgemeinen wurde es äußerst schwierig, die Ausgaben des kaiserlichen Haushalts zu decken, da die Regierung sich weigerte, die Mittel dafür bereitzustellen, und die Staatskasse bei jeder Bitte des Grafen Benckendorff um Gelder murrte. Jeden Tag verschwand ein Teil des früheren Luxus, der das tägliche Leben des Zaren und seiner Familie bestimmt hatte, bis das Leben in Zarskoi Selo schließlich in seiner Einfachheit fast asketisch wurde. Die Mahlzeiten bestanden nur aus drei Gängen, und das Lieblingsgericht Zakuska oder die Köstlichkeiten, mit denen jedes russische Abendessen oder Mittagessen beginnt, wurden verboten. Wein verschwand vollständig vom Tisch, und mehrere Automobile wurden verkauft, während die Chauffeure entlassen wurden. Ich musste die Kaiserin sogar bitten, nicht so viel Wäsche zu verwenden wie früher, da uns die Mittel fehlten, sie zu waschen, und dies waren nur kleine Nöte im Vergleich zu den wichtigeren, die uns heimsuchten.

Zu den vielen Unannehmlichkeiten und Demütigungen, die dem Kaiser und der Kaiserin zugefügt wurden, gehörte der Befehl der Revolutionsregierung, sie nicht mehr mit Eurer Majestät anzureden, sondern sie Oberst und Frau Romanoff zu nennen. Der Zar nahm es mit Humor oder vielmehr mit Verachtung auf, aber die Kaiserin war von dieser Unverschämtheit äußerst betroffen. „Wir wurden in Moskau gekrönt", pflegte sie zu sagen, „und daran kann jetzt nichts mehr geändert werden. Der Zar ist immer der Zar. Niemand kann ihm diese Würde rauben, selbst wenn er freiwillig darauf verzichtet hat."

Wenn wir mit ihr allein waren, redeten wir sie natürlich im alten Stil an. Angefangen mit Graf Benckendorff und endend mit dem letzten der wenigen Diener, die sich freiwillig entschieden hatten, im Dienst der früheren Herrscher zu bleiben, achteten wir sehr darauf, ihnen die Veränderung, die in ihrem Schicksal stattgefunden hatte, nicht unnötig zu vermitteln. Aber wenn einer der Wachoffiziere anwesend war, war es schwieriger, weil er uns laut zurechtwies, wenn wir es wagten, mit unserem Herrn und unserer Herrin in der alten respektvollen Art zu sprechen, an die wir gewöhnt waren. Die Regierung war in Bezug auf den Titel, der Nikolaus II. zugestanden wurde, so genau, dass alle an ihn adressierten Zeitungen die Überschrift „Oberst Nikolaus Alexandrowitsch Romanow" trugen. Und auf den Briefen, die die Kaiserin erhielt, wurde die Anrede „Ihre Majestät die Kaiserin" durchgestrichen und durch „Alexandra Feodorowna Romanow" ersetzt. Es war die Wiederholung dessen, was mit Ludwig XVI. geschehen war. als er von seinen Kerkermeistern mit dem Namen Capet bezeichnet wurde, und so seltsam es auch klingen mag, es war von all ihren Unglücksfällen dasjenige, das die unglückliche Kaiserin, zumindest äußerlich, am meisten zu beunruhigen schien.

Natürlich war Korrespondenz für uns alle verboten. Briefe wurden streng zensiert und selbst das kleinste Paket, das in den Palast gebracht wurde, wurde zwei- oder dreimal untersucht, bevor es dem Besitzer übergeben wurde. Bücher waren ebenso Gegenstand des Verdachts und schließlich erließen Kaiserin und Kaiser den Befehl, ihnen keine neuen Bücher mehr zuzusenden, wie dies zuvor der Fall war.

Natürlich hingen all diese ärgerlichen Maßnahmen in hohem Maße von der Persönlichkeit des Offiziers ab, der für die Inneneinrichtung und die Bewachung des Palastes verantwortlich war. Wäre er ein menschlicher Mensch, wäre die Sache nicht so schlimm, gehörte er aber zufällig zu den fanatischen Republikanern oder Anarchisten, gab es kein Hindernis, das er uns nicht in den Weg legte, und keine Unannehmlichkeit, die er uns nicht ersparte. Ich erinnere mich an einen der letzteren, der eines Morgens, als ich ein Paket mit einer neuen Bluse von der Schneiderin der Kaiserin erwartete, es absolut nicht passieren ließ, bis ich das Futter aufgetrennt hatte, um ihm zu beweisen, dass zwischen dem Futter und dem Stoff selbst kein Brief oder keine Nachricht versteckt war. Unter den Gefangenen von Zarskoi Selo waren die jungen Großfürstinnen am bemitleidenswertesten. Die Mädchen waren die süßesten Wesen, die man sich vorstellen kann, und ihre schönen Charaktere kamen in dieser schwierigen Zeit in einem strahlenden Licht zum Vorschein, als sie in einem Alter, in dem Mädchen normalerweise nur die Sonnenseite des Lebens kennen, eine der größten Tragödien kennenlernen und darin mitspielen mussten, die die Geschichte je zu verzeichnen hatte. Und doch erkannten sie vielleicht sogar besser als ihr Vater und ihre Mutter das volle Ausmaß des Dramas, das sich um sie herum abspielte. Insbesondere Olga schien eine Vorwarnung zu haben, dass es gerade erst begann und dass es in Blut enden könnte, so wie es in Tränen begonnen hatte. Sie war eine kluge, nachdenkliche Frau mit einem beträchtlichen Maß an gesundem Menschenverstand, und manchmal vertraute sie mir ihre Befürchtungen hinsichtlich der Zukunft an. „Wenn die Deutschen sich Petrograd nähern oder dort eine neue Revolution ausbricht", sagte sie oft, „werden wir ihre ersten Opfer sein, und entweder der Mob oder die Regierung werden uns hinrichten."

Tatjana war nicht so resigniert wie ihre Schwester. Sie empörte sich gegen die schreckliche Ungerechtigkeit, deren Opfer sie war, und sie konnte nicht verstehen, wie ihre guten Absichten nach all der Fürsorge, die sie den verwundeten Soldaten und elenden Flüchtlingen, denen ihr Komitee geholfen hatte, zukommen ließ, missverstanden werden konnten, und wie man sie so plötzlich beiseite schieben und ihr die Möglichkeit nehmen konnte, mit der Arbeit fortzufahren, der sie all ihre Energie gewidmet und mit der sie so erfolgreich gewesen war. Sie hatte ein ungestümes Wesen, das eher dem ihrer Mutter als dem ruhigen Temperament ihres Vaters ähnelte, und sie hätte gern laut die Verachtung ausdrücken können, die sie für alle empfand, deren Opfer und Gefangene sie war. Die beiden jüngsten Töchter des Zaren und der Zarin waren noch zu sehr im Schulzimmer, um etwas anderes tun zu können, als über die Veränderung, die in ihrem Leben stattgefunden hatte, erstaunt zu sein. Sie sahen mit großen, überraschten Augen auf alles, was geschah, und waren eher bereit zu weinen, als zu versuchen, gegen ein Schicksal anzukämpfen, das sich als zu stark für sie erwiesen hatte. Sie klammerten sich stärker an ihre Mutter als Olga oder Tatiana und verließen ihren Schutz kaum. Die Kaiserin, die nie eine liebevolle Mutter im Sinne von Liebkosungen gewesen war, hatte sich in dieser Hinsicht seit den Unglücksfällen, die sie getroffen hatten, verändert, und sie umarmte ihre Mädchen jetzt und zog sie mit einer leidenschaftlichen Ernsthaftigkeit an ihre Brust, die die Kinder ausrufen ließ, dass sie jetzt glücklicher seien als je zuvor, weil ihre Mutter sie genauso umarmte, als wären sie arme kleine Waisen mit einer Mama, die nichts von Etikette wusste. Die Bemerkung hatte etwas Rührendes, und ich glaube, dass die Kaiserin dies ebenso erkannte wie andere, weil sie sich ihren Töchtern gegenüber liebevoller zeigte, als sie es gewohnt war, und nicht mehr von ihrer ausschließlichen Zärtlichkeit für ihren Sohn eingenommen war. Tatsächlich schien sie ihr Interesse an Letzterem verloren zu haben, seit sie erkannt hatte, dass er nicht länger der Erbe eines der größten Throne der Welt war.

Das Kind selbst verstand es, und es war vielleicht derjenige, der am meisten unter den Folgen der Veränderung litt, die ihn, nachdem er die wichtigste Persönlichkeit in seiner Familie gewesen war, in einen gewöhnlichen kleinen

Jungen verwandelt hatte. Es ärgerte sich über diese Veränderung, und ich glaube, dass er manchmal Groll gegen seinen Vater und seine Mutter empfand, weil sie sich so leicht mit ihrer eigenen Erniedrigung abgefunden hatten. Er hätte gern gesehen, dass sein Vater sich gegen die Revolution auflehnte und sich zumindest weigerte, die Rechte seines Sohnes und Erben aufzugeben. Eines Tages verriet er etwas von seinen Gefühlen, als er Graf Benckendorff sagte, dass er ihm niemals erlaubt hätte abzudanken, wenn er nicht krank gewesen wäre, sondern wie gewöhnlich mit dem Zaren im Hauptquartier. Der Graf antwortete nicht, aber ich nehme an, dass er bedauerte, dass dies nicht der Fall gewesen war. Tatsächlich ist es mir bis heute unverständlich, wie man Nikolaus II. dazu bewegen konnte, die Rechte seines Sohnes zu opfern und nicht darauf zu bestehen, dass dieser an seiner Stelle zum Kaiser ausgerufen wurde.

In der Zwischenzeit zogen sich die Tage dahin und wir fragten uns alle, wohin das alles führen würde. Das Gefühl, dass eine Veränderung irgendeiner Art stattfinden würde, lag in der Luft, aber niemand konnte erraten, welcher Art diese Veränderung sein würde. Manchmal überkam uns die Angst, dass die Regierung den Zaren und seine Gemahlin in die Festung bringen würde, was bedeutet hätte, dass sie vor Gericht gestellt und vielleicht für ihre eingebildeten Verbrechen zu schrecklichen Strafen verurteilt würden, aber so sehr wir alle versuchten, das Geheimnis der Zukunft zu ergründen, es gelang uns nicht, und als uns diese Zukunft offenbart wurde, übertraf sie an Schrecken alles, was wir uns je vorgestellt oder gefürchtet hatten.

KAPITEL XXI

EXIL – ICH WERDE ENTLASS

GEGEN Mitte des Sommers erreichten uns vage Gerüchte, dass die Regierung infolge der Unruhen, die das Land bereits in erheblichem Maße erschütterten, beschlossen hatte, Nikolaus II. in eine andere und sicherere Residenz als Zarskoi Selo zu verlegen. Man befürchtete, dass der Mob im Falle eines Aufstands in Petrograd in die Zarenstadt vordringen und den ehemaligen Zaren ermorden könnte. Zumindest war dies der Vorwand, den die Minister vorbrachten, um die Gründe zu erklären, die sie dazu veranlasst hatten, den unglücklichen Kaiser und seine Familie aus dem Weg zu räumen. Natürlich glaubte ihnen niemand, denn es wäre relativ einfach gewesen, die Bevölkerung unter Kontrolle zu halten, falls sie versucht hätte, den Palast anzugreifen, in dem die Gefangenen eingesperrt waren. Und wenn dies für unmöglich gehalten worden wäre, gab es sicherlich andere Orte als Sibirien, wohin man sie hätte schicken können.

Ich bin jedoch nicht hier, um irgendjemanden zu beschuldigen oder zu entschuldigen. Ich möchte lediglich Tatsachen wiedergeben, die ich kenne, und sonst nichts. Also werde ich mit meiner Geschichte fortfahren, die nun zu Ende geht.

An einem Julinachmittag wurden wir vor den Militärkommandanten von Zarskoi Selo gerufen. Mit „wir" meine ich den Haushalt der abgesetzten Herrscher oder das, was davon noch übrig war. Man teilte uns mit, dass diese im Begriff seien, ihre gegenwärtige Residenz zu verlassen, und dass nur wenige Personen sie begleiten dürften. Mir wurde gesagt, dass mir dies nicht gestattet würde, da die Kaiserin meine Anwesenheit nicht für notwendig hielt. Sie bemerkte ironisch, dass sie keine zwei Dienstmädchen mehr benötigen würde, insbesondere keine, die wie ich rein akademische Aufgaben hatte. Ich bat inständig darum, von dieser Tortur verschont zu werden, zusammen mit anderen aus dem Dienst der gnädigen Dame entfernt zu werden, an deren Seite und in deren Dienst ich 25 Jahre lang gestanden hatte, aber meine Bitte und meine Proteste wurden nicht berücksichtigt. Man sagte mir, ich solle mich darauf vorbereiten, den Palast sofort zu verlassen und sowohl meine eigenen Sachen als auch die der Kaiserin zu packen und für den Abtransport bereit zu halten.

Graf Benckendorff und Fürst Dolgorukow, die erklärten, dass nur Gewalt sie von ihrem früheren Herrscher trennen könne, sowie zwei Hofdamen der Kaiserin, Fürstin Obolenski und Mademoiselle von Butzow, die speziell für die jungen Großherzoginnen zuständig war, durften mit den Gefangenen reisen, ebenso wie einige Bedienstete, die in den Augen der Regierung in Gunst standen, wahrscheinlich weil sie sich bereit erklärt hatten, die Aufgabe zu übernehmen, ihren Herrn und ihre Herrin auszuspionieren. Das Gefolge war jedoch sehr begrenzt, und bis zur letzten Minute blieben wir im Ungewissen über das wahre Ziel von Nikolaus II. Graf Benckendorff war die einzige Ausnahme von dieser Maßnahme und wurde zur Geheimhaltung verpflichtet.

Als ich in den Palast zurückkehrte, konnte ich nicht anders, als die Kaiserin aufzusuchen und ihr alles zu erzählen, was ich gehört hatte. Sie erhob ihre Hände zum Himmel und rief: „Sie werden uns in die Festung sperren und uns dann ermorden, wie sie es mit Ludwig XVI. taten." Aber sie zeigte keine Furcht und blieb so ruhig und gelassen wie immer, denn sie wollte nicht, dass ihre Kinder früher als nötig mit den Neuigkeiten darüber beunruhigt wurden, was sie in naher Zukunft erwartete.

Drei Tage später bat ein von der Regierung gesandter Offizier um ein Treffen mit den jungen Großfürstinnen. Er teilte ihnen mit, dass ihre Eltern nach Tobolsk in Sibirien gebracht werden sollten und dass es ihnen völlig freistünde, sie dorthin zu begleiten oder in Zarskoi Selo zu bleiben. In diesem Fall würde ihnen gestattet, im Palast zu bleiben und ihre derzeitigen Gemächer zu belegen. Die Mädchen zögerten keinen Augenblick und antworteten, dass sie nicht daran denken würden, ihren Vater und ihre Mutter zu verlassen, sondern mit ihnen gehen würden, wohin auch immer die Regierung sie schicken wollte. Es ist merkwürdig, dass niemand auch nur einen Augenblick daran dachte, den kleinen Alexis in Europa zurückzulassen, und das zarte Kind wurde nicht einmal daran gedacht, sondern im Gegenteil eifrig in ein Exil geschickt, das ihn leicht töten konnte, da er kaum stark genug war, um der Härte des schrecklichen Klimas standzuhalten, dem er ausgesetzt war. Erst nachdem die Großfürstinnen aufgefordert worden waren, ihre Entscheidung zu treffen, wurden der Zar und seine Gemahlin offiziell darüber informiert, dass sie im Begriff waren, nach Tobolsk gebracht zu werden. Der Ort ist einer der schlimmsten in ganz Sibirien, sowohl was die Temperatur als auch die Ressourcen betrifft. Halb Dorf, halb Stadt, besteht seine Bevölkerung aus politischen Exilanten und Gefangenen und aus Jakuten, einem wilden Nomadenvolk, das seine Zeit in den unerforschten Wäldern rund um die Stadt verbringt, aus denen es von Zeit zu Zeit herauskommt, um die Pelze zu verkaufen, die es im Winter gesammelt hat. Das Thermometer fällt monatelang unter den Gefrierpunkt und insgesamt ist es einer der trostlosesten Orte der Welt. Diesem lebendigen Tod und dieser schrecklichen Einsamkeit sollten der Mann und die Frau, die die Welt als Kaiser und Kaiserin ganz Russlands kannte, zusammen mit ihren unschuldigen Kindern überlassen werden. Der Tour du Temple, in dem Ludwig XVI. eingesperrt war, war nicht halb so schrecklich wie dieser.

Und doch nahm die Kaiserin die Nachricht, wenn auch nicht resigniert, so doch gelassen hin. Ehrlich gesagt war sie Zarskoi Selo überdrüssig, wo sie alles an frühere und glücklichere Zeiten erinnerte, und vielleicht tat es ihr nicht leid, endlich eine völlige Veränderung ihrer Umgebung zu erleben. Sie erklärte sich bereit, sofort nach dem Befehl aufzubrechen, und beschäftigte sich mit den Vorbereitungen für ihre bevorstehende Abreise, als wäre es ein Urlaubsausflug. Das einzige, worum sie bat, war, ihre Schwester, die Großfürstin Elisabeth, zu sehen, aber obwohl dieser mitgeteilt wurde, dass sie, wenn sie wollte, nach Zarskoi Selo reisen könne, lehnte sie dies ab und begnügte sich damit, der Kaiserin eine sehr kurze und förmliche Notiz zu schreiben, die diesen Mangel an Herz viel stärker empfand, als sie zugab. Es waren in der Tat traurige Tage, die der traurigen Abreise vorausgingen. Keiner von uns hatte die geringste Hoffnung, die freundlichen Herren, von denen wir uns verabschiedeten, jemals wiederzusehen, und die Gefangenen selbst dachten, dass sie nie wieder in dieses Russland zurückkehren würden, das sich ihnen gegenüber so hart verhielt. Am letzten Abend rief uns der Kaiser zu sich und dankte uns für unsere treuen Dienste. Er war blass, aber sonst ungerührt. Die ganze Sache schien, seinem Äußeren nach zu urteilen, eine Episode zu sein, die ihn nichts anging. Die Kaiserin war aufgeregt, aber auch resigniert, und sie versuchte, eine Fröhlichkeit vorzutäuschen, die sie nicht fühlte. Sie hatte seit der Revolution immer schwarze Kleider getragen, aber an diesem Abend befahl sie mir, ihr für den nächsten Tag ein dunkelblaues Kostüm vorzubereiten. Sie wollte nicht, dass Fremde dachten, sie trage Trauer wegen ihres Unglücks. In dieser Nacht schlief niemand im Palast, und als die Stunde zur Abreise schlug, blieb kein Auge trocken. Ich erhielt die Erlaubnis, meine Herrin zum Bahnhof und ein Stück des Weges zu begleiten. Mein Herz zerplatzte vor Verzweiflung.

Sie – diese unglückliche Familie – brachen mit heiterem Mut zu dieser bedeutsamen und schrecklichen Reise auf. Ohne einen Seufzer verabschiedete sich die Zarin von jenem Palast, der ihre Größe und ihren Untergang gesehen hatte. Wahrscheinlich war sie, wie Königin Elisabeth von Österreich einmal gesagt hatte, schon lange vor diesem Tag „innerlich gestorben", und nichts konnte ihr jetzt mehr wehtun. Ohne eine Träne bestieg sie den Zug, der im Vergleich zu den prächtigen Waggons, in denen sie zu reisen gewohnt war, so schäbig war, und sie drehte nicht einmal den Kopf, um auf das Theater ihrer früheren Pracht und ihres Elends zurückzublicken. Die Pfeife ertönte, die Lokomotive setzte sich in Bewegung und mit ihr verschwand die hochmütige Autokratie ins All, die über Russland – das Heilige Russland – geherrscht hatte, seit Peter der Große es als Kaiserreich organisiert hatte, und die, obwohl nicht mehr groß, doch ein gewaltiges Ding geblieben war, bis die Revolution mit den Fehlern und Verfehlungen ihrer Vertreter es schließlich zerstört hatte ...

Mehr habe ich nicht zu sagen. Dies ist kein politisches Werk und ich habe absichtlich darauf verzichtet, meine persönliche Meinung zu der Katastrophe zu äußern, die meine ehemaligen Vorgesetzten in jenes Sibirien trieb, das schon so viele Tragödien erlebt hat. Persönlich waren sie immer freundlich zu mir. Ich wäre undankbar, wenn ich das nicht zugeben und vergessen würde, Tränen über ihr Schicksal zu vergießen.

www.ingramcontent.com/pod-product-compliance
Lightning Source LLC
LaVergne TN
LVHW041700190726
843493LV00007B/1890